KB038855

한울

이 도서의 국립중앙도서관 출판시도서목록(CIP)은 e-CIP홈페이지(http://www.nl.go.kr/ecip)와 국가자료공동목록시스템(http://www.nl.go.kr/kolisnet)에서 이용하실 수 있습니다.(CIP제어번호 : CIP2011003495)

출간을 반기며

미주알고주알 캐고 또 캔 삶을 위한 지식의 광맥

김 열 규 (서강대학교 명예교수)

속담은 민중의 지혜의 보고寶庫다. 민중들의 교양과 식견의 광맥鑛脈이다. 일상생활을 살아가는 과정에서 알알이 지침이 되고 깨우침이 됨으로써, 남들을 대하는 인간관계, 세상을 대하게 되는 세계관 그리고 사물을 보는 시각이며 인식 등에 결정적인 영향을 끼치면서 그것들을 위한 길라잡이가 된다.

하지만 속담에 녹아 있는 지혜며 역사와 문화와 풍습이 지금껏 본격적으로 문제된 적도 캐내어진 적도 있는 것 같질 않은 것은 유감스럽다. 속담에 관한 책이 이미 몇 권 나와 있는 것은 사실이자만, 그것들은 속담의 모음, 곧 속담집에 치우쳐 있었던 게 아닌가 싶다. 잘해야 속담에 대한 아주 간략한 주석이나 해설이 또는 쓰임새가 덧붙여진 정도였다. '가뭄에 콩 나듯 한' 속담 책이나마 '먹자니 비지 떡' 꼴이었던 모양이다.

그래서 저자는 짧은 속담 한 토막에다 그 배경이 되거나 그 생겨나는 모태가 되는 역사며 문화, 사회풍습, 더 나아가서는 관련된 일화를 상다리가 휘어지게 챙겨 놓고 있다. 그래서는 깊은 통찰력에 덧붙여서 식견의 넓이, 관찰력의 풍요를 과시한다. 그 결과로 『미주알고주알 우리말 속담』, 이 한 권은 만물박사요 백과사전이 되었다.

요컨대, 『미주알고주알 우리말 속담』은 민속지民俗誌가 되고 역사서歷史書가 될 뿐만 아니라 박물지博物誌가 되어 그 세 가지가 한데 어우러져 있다. 그것은 짧은 한 토막의 속담이 그 내력이며 동기를 에워서는 한편의 내러티브,

곧 서사체敍事體가 되어 있음을 의미한다. 이 경우, 서사체는 사연이며 줄거리를 갖춘 한 편의 이야기라고 해도 좋을 것이다. 그런 한편으로,

> 미주알은 항문에 닿아 있는 창자의 끝 부분을 가리키는 말이며, 고주알은 별 뜻이 없이 운율을 맞추기 위해 덧붙인 말입니다. 뜻을 더 강조하기 위해서 '미주알고주알 밑두리콧두리 캔다'는 속담을 쓰기도 하는데, 밑두리는 둘레의 밑 부분을 가리키는 말이고 콧두리는 역시 운율을 맞추기 위해 비슷한 말을 겹쳐 놓은 것입니다.

이 같은 대목이 보여 주듯이, 『미주알고주알 우리말 속담』은 그야말로 '미주알고주알 밑두리콧두리 캐기'를 하고 있다. 박물지가 될 수 있도록 광활한 시야로 주제를 다루되, 그와 더불어서 바늘로 구멍 내듯이 잘고 잔 구석까지에 걸쳐서 속담에 쓰이는 낱말이며 용어의 계보 내지 족보까지도 잔잔하게, 골똘하게 캐내 보인다. 아울러서 한 낱말, 한 가지 표현의 으뜸이나 뿌리에서부터 그 곁가지까지 알뜰살뜰하게 헤아리고 있다. 그 결과 이 책은 한국말의 아름다움과 매력을 또는 재미를 추적하는 멋도 부리고, 그러기에 이 한 권의 명저는 이 땅의 전통적인 수사학임을 과시한다. 저자는 스스로 이 점을 잘 인지하고 있어서, 이런 말을 한다.

그뿐 아니라 (속담에는) 절묘한 비유를 통해 말을 부리는 솜씨가 담겨 있기도 합니다. 그러므로 속담을 적절히 활용하면 언어생활을 다양하고 풍부하게 만들 수 있습니다.

이 책은 (중략) 다만 속담에 얽힌 다양한 이야기와 상식을 제공함으로써 우리말에 대한 지식과 교양을 조금이나마 넓혀줄 수 있기를 바랄 뿐입니다.

그것은 한 토막의 속담과 연줄을 대고 있는 역사며 문화 그리고 민속을 살피는 거시적인 시야 속에서, 속담을 이루는 각각의 낱말이며 표현을 하나하나 따로 따지고 드는 미시적인 시야가 활성화되어 있음을 의미하게 된다. 저자는 거시적인 망원경과 미시적인 현미경을 아울러서 속담의 속내를 들여다보고 또 관찰하고 있다. 그로써 이 책은 역사학과 민속학 그리고 수사학 등, 인문학의 3대 영역이 멋지게 어우러진 한국말의 박물지를 엮어낸 것이다.

겸해서 오늘날에도 여전히 효능이 있을 통찰과 인식이며 지혜를 앞세워서 일상생활의 슬기로운 길라잡이가 될 것을 강조함으로써 글을 맺고자 한다.

머 리 말

속담을 찾아 떠나는 여행

속담은 오랜 세월에 걸쳐 만들어진 우리말의 보고寶庫입니다. 속담 속에는 옛사람들의 삶의 지혜가 담겨 있을 뿐만 아니라 역사와 문화, 풍습이 녹아들어 있습니다. 절묘한 비유를 통해 말을 부리는 솜씨가 담겨 있기도 합니다. 그러므로 속담을 적절히 활용하면 언어생활을 훨씬 다양하고 풍부하게 만들 수 있습니다. 하지만 요즘 우리의 언어생활을 살펴보면 속담이 차지하는 비중이 점점 낮아지고 있습니다. 말을 부리는 데 여유가 없고, 직설적인 표현이 두드러집니다. 이제라도 옛사람들이 물려준 속담을 이용해서 언어생활의 맛과 멋을 살리면 좋겠다는 생각을 합니다.

속담을 찾아 떠나는 여행을 시작해 보니 제대로 된 속담 책을 찾기가 어려웠습니다. 기존의 속담 책은 대부분 뜻풀이만 모아 놓거나 기껏해야 용례를 덧붙인 정도였습니다. 속담에 대한 연구서가 없는 것은 아니었으나, 그 또한 속담에 대한 많은 궁금증을 풀어주기에는 흡족하지 못했습니다.

그래서 속담이 만들어진 배경이나 유래 등을 알게 되면 속담에 대한 애정이 조금이나마 더 생기지 않을까 하는 마음에서, 틈나는 대로 이리저리 속담에 얽힌 이야기와 근거를 찾아 나섰습니다. 여기 모아 놓은 속담은 그러한 작은 노력의 결실입니다.

이 책은 속담에 대한 본격적인 연구서가 아닙니다. 그럴 만한 깜냥도 못 되거니와, 전문적인 연구는 국어학자들의 몫으로 돌리는 게 마땅한 일일 겁니다. 다만 속담에 얽힌 다양한 이야기와 상식을 제공함으로써 우리말에 대한 지식과 교양을 조금이나마 넓혀줄 수 있기를 바랄 뿐입니다.

충분한 자료 조사가 뒷받침되지 못해 끝내 유래와 배경을 찾지 못한 속담이 많습니다. 예를 들면, 무엇을 바드득바드득 쥐어뜯는 모양을 비유해서 이르는 말인 '홍제원 나무 장사 잔디 뿌리 뜯듯'이라는 속담은 어떻게 해서 만들어졌을까요? 홍제원에서 나무 장사를 하던 사람이 잔디 뿌리를 뜯게 된 사연이 어딘가에 전해질 텐데, 아쉽게도 찾아내지를 못했습니다.

아쉬운 부분은 다른 이들의 노력으로 채워질 수 있기를 바라며, 부족한 원고를 책으로 묶어준 도서출판 한울 편집 담당자 분들께 고마운 마음을 전합니다.

2011년 여름에

박 일 환

차례

제1부 이야기가 있는 속담

제2부 지명과 관련한 속담

제3부 역사와 관련한 속담

제4부 민속·풍습과 관련한 속담

제5부 동식물과 관련한 속담

이야기가 있는 속담

간에 붙었다 쓸개에 붙었다 한다 / 강철이 간 데는 가을도 봄 / 개똥도 약에 쓰려면 없다 / 경위가 삼칠장이라 / 계집 바뀐 건 모르고 젓가락 짝 바뀐 건 안다 / 글에 미친 송 생원 / 달걀에도 뼈가 있다 / 대한이 소한 집에 놀러 갔다가 얼어 죽는다 / 도랑 치고 가재 잡는다 / 되놈이 김 풍헌을 안다더냐 / 마른하늘에 날벼락 / 목낭청의 혼이 씌다 / 미주알고주알 밑두리콧두리 캔다 / 산 김가 셋이 죽은 최가 하나를 못 당한다 / 소대성이 모양으로 잠만 자나 / 십 년 공부 도로 아미타불 / 처서가 지나면 모기도 입이 비뚤어진다 / 평양 황黃고집이다 / 하룻밤을 자도 만리장성을 쌓는다 / 혹 떼러 갔다가 혹 붙여 온다

간에 붙었다 쓸개에 붙었다 한다

자기에게 조금이라도 이익이 되면 지조 없이 이편에 붙었다 저편에 붙었다 하는 사람들이 있습니다. 누가 보아도 참 얄미운 사람이지요. 그렇게 약삭빠르거나 얄미운 행동을 빗대어 이르는 속담이 '간에 붙었다 쓸개에 붙었다 한다'입니다.

우리 몸의 내장 기관은 참 많습니다. 그런데 그중에서 왜 하필 간과 쓸개를 연결해 놓았을까요? '위에 붙었다 창자에 붙었다 한다'고 할 수도 있었을 텐데 말이지요. 따라서 이 속담을 온전히 이해하기 위해서는 간과 쓸개의 관련성을 따져 보아야 합니다. 둘 사이에 아무런 관련이 없는데 그런 속담이 생겼을 리는 없을 테니까요.

우선 담즙이라고도 하는 쓸개즙에 대해 알아봅시다. 하루에 500~1,000밀리그램 정도 생산되는 쓸개즙은 지방을 분해하고 흡수하며, 칼슘·철·구리와 같은 광물질과 콜레스테롤, 지용성 비타민의 흡수에 필수적입니다. 또한 췌장의 지방 분해 효소 분비 및 위산의 중화를 위한 알칼리 상태의 조건을 제공하며, 간에서 처리된 노폐물의 배출을 위한 운반자 역할도 합니다. 실로 우리 몸에서 중요한 역할을 한다고 할 수 있습니다.

쓸개즙은 언뜻 생각하면 쓸개에서 만들어지는 것 같지만 실은 간에서 만들어집니다. 간에서 만들어져서 쓸개로 옮겨지는 것이지요. 쓸개는 음식을 먹지 않았을 때는 그냥 쓸개즙을 보관하는 창고 역할을 하다가 음식을 먹으면 쓸개가 수축을 하면서 쓸개즙을 십이지장으로 내려보냅니다. 음식물의 소화를 돕기 위한 것이지요. 그런 만큼 간과 쓸개는 매우 가까운 관계입니다.

그리고 간과 쓸개의 위치를 살펴보면 쓸개는 간 바로 밑에 붙어 있어서 마치 간에 달라붙어 있는 듯합니다. 위치로 볼 때도 둘 사이가 매우 가까워서 여기 붙었다 저기 붙었다 한다는 속담을 만들어 내기에 적합하다는 것을 알 수 있습니다.

이런 관계는 '간담이 서늘하다'는 관용구를 살펴보아도 알 수 있습니다. 간담은 간과 담(쓸개)을 합친 말입니다. 또한 '겁이 없고 매우 대담하다'는 뜻을 나타낼 때 '담력이 세다'라고도 하고, '간이 크다'라고도 합니다. 이렇듯 간과 쓸개를 한 묶음으로 쓰는 경우가 많은 것으로 보아 담(쓸개)과 간을 비슷한 존재로 인식하고 있었던 것으로 보입니다.

한편 먹은 것이 너무 적어 먹으나 마나 할 때 쓰는 '간에 기별도 안 간다'는 관용구를 살펴봅시다. 배불리 먹지 못한 상황이라면 응당 '위에 기별도 안 간다'고 해야 할 텐데, 왜 위가 아닌 간을 끌어들였을까요? 위에서 설명한 것처럼 간 역시 소화와 관련된 기능을 지니고 있습니다. 그리고 음식물이 들어와 위와 장에서 소화가 된 뒤에 생긴 영양소는 일단 간으로 들어옵니다. 간은 탄수화물, 단백질, 지방 등 3대 영양소를 보관했다가 온 몸의 장기에 내려보내는 구실을 합니다. 따라서 간에 기별이 가지 않는다는 것은 간에 저장할 영양분이 없다는 얘기가 되는 셈이지요. 결국 '간에 기별도 안 간다'는 표현이 아무렇게나 만들어진 게 아니라, 인체의 생리학적 지식의 바탕 위에서 만들어진 것이라는 걸 알 수 있습니다.

이렇듯 속담을 살펴보건대 옛 선인들이 내장 기관의 기능이나 위치 등을 훤히 꿰고 있었던 것을 알 수 있습니다. 그런 놀라운 지혜에 새삼 머리를 숙이게 됩니다.

강철이 간 데는 가을도 봄

'강철이强鐵-'라는 이름을 가진 괴물이 있습니다. 사전에서 찾으면 '지나가기만 하면 초목이나 곡식이 다 말라 죽는다고 하는 전설상의 악독한 용龍'이라는 뜻풀이가 나옵니다. 물론 상상 속의 괴물이겠지요.

그렇다면 강철이라는 괴물은 어떻게 생겼으며 어떤 방식으로 곡식을 망쳐놓았을까요? 옛 문헌에 따르면 강철이는 조금씩 다른 모습으로 등장합니다.

우선 늪 속에 둥지를 틀고 살며 망아지와 비슷하나 얼굴은 사자나 용을 닮았다는 기록이 있습니다. 늪에서 나와 뜨거운 바람과 연기를 이끌고 사납게 덤벼들면 그 기세가 대단하다고 합니다. 그래서 논과 밭을 헤집고 다니면 그 뜨거운 열기 때문에 주변에 가뭄이 들고, 농사를 망치게 됩니다. 용이 되려다 실패해서 용에게 불만이 많다고 하며, 김포에 나타나서 농가에 많은 피해를 입혀 주민들이 힘을 모아 바다로 몰아냈다는 이야기가 조선시대에 이덕무가 지은 『앙엽기盎葉記』라는 책에 나와 있습니다.

다음으로는 연못이나 강 속에서 사는 소와 비슷한 동물로, 얼굴 모습은 역시 용을 닮았다는 기록이 있습니다. 몸에서 내뿜는 연기와 바람이 폭풍과 번개, 우박을 일으킨다고 합니다. 특히 우박이 떨어진 곳은 풀이나 나무가 자랄 수 없을 정도로 피해가 커서 농민들의 원성을 샀다고 합니다. 서해안과 낙동강 일대에 이 강철이가 나타나서 피해를 입혔다는 이야기가 이익이 쓴 『성호사설星湖僿說』에 기록되어 있습니다.

그래서 '강철이 간 데는 가을도 봄'이라는 속담은 강철이가 지나간 곳에는 아무것도 자라지 않은 초봄과 같이 된다는 뜻으로, 악한 방해자가 나타나거나 불운이 겹쳐서 다 되어 가던 일을 망치는 경우를 이르는 말로 쓰입니다.

이처럼 강철이는 농사를 망치고 흉년이 들게 하는 사악한 괴물로 농민들 사이에 그 이름이 자주 오르내렸으며, 강철이를 내쫓는 마을의식을 행하는 곳도 있었습니다. 기록에 따라 강철이의 생긴 모습과 행패 부리는 방식이 조금씩 다른 것은, 가뭄이 잘 드는 지역에서는 가뭄을 몰고 오는 괴물로, 폭우가 잦고 우박이 자주 내리는 지역에서는 비나 우박을 몰고 오는 괴물로 인식했기 때문일 겁니다. 어차피 상상을 동원해서 흉년을 상징하는 괴물을 만들어 낸 것이므로, 그러한 차이는 크게 중요하지 않다고 하겠습니다.

상상 속의 괴물을 등장시킨 속담으로 '송도 말년의 불가사리라' 혹은 '송도가 망하려니까 불가사리가 나왔다'고 하는 게 있습니다. 앞 속담은 몹시 무지하고 못된 짓을 하는 자를 이를 때 쓰는 말이고, 뒤 속담은 어떤 좋지 못한 일이 생기기 전에 불길한 징조가 나타남을 이릅니다. 이 속담은 고려가 망하게 되었을 때 송도에 불가사리라는 괴물이 나타나서 못된 짓을 했다는 데서 나왔습니다. 그러므로 이 속담에 나오는 불가사리는 바다에 사는 별 모양의 생물을 가리키는 이름과는 전혀 관련이 없습니다.

불가사리는 쇠를 먹고 살며, 악몽惡夢과 사악한 기운을 쫓는다는 상상 속의 동물입니다. 곰의 몸, 무소의 눈, 코끼리의 코, 소의 꼬리, 범의 다리를 닮았다고 합니다. 아무리 해도 죽거나 없어지지 않는 사람이나 사물을 빗대어 이 말을 쓰기도 합니다. 영화감독 신상옥이 북한으로 넘어가서 생활할 때 위 괴물을 등장시켜 〈불가사리〉라는 제목의 영화를 만든 적도 있습니다. 그만큼 불가사리는 강철이에 비해 사람들에게 많이 알려진 괴물입니다.

개똥도 약에 쓰려면 없다

개는 사람과 무척 가까운 동물인데도, 우리말에는 개를 구박하는 표현이 너무 많습니다. 욕설을 할 때 가장 많이 끌어들이는 동물이 개라는 사실만 보아도 알 수 있지요. 개를 그렇게 하찮게 여기니 개가 눈 똥은 또 얼마나 보기 싫었을까요? 그래서 개똥이라고 하면 '개의 똥'이라는 기본 뜻 말고도 '보잘것없거나 천하거나 엉터리인 것을 빗대어 이르는 말'이라는 뜻도 있습니다.

마을마다 개를 기르는 집이 여럿 있다 보니 앞마당이나 골목길에 흔하게 널린 게 개똥입니다. 그렇게 흔한 개똥도 막상 찾으려고 하면 얼른 눈에 띄지 않을 때가 있습니다. '개똥도 약에 쓰려면 없다'는 속담은 평소에 흔하던 것도 막상 긴하게 쓰려고 구하면 없다는 말이지요. 워낙 많이 알려진 속담입니다.

그런데 개똥도 약으로 쓰긴 썼을까요? 약으로 썼으니 그런 속담이 나오지 않았을까요? 사전에는 위 속담과 함께 '개똥도 약에 쓴다'는 속담이 나란히 나와 있습니다. 아무리 하찮은 물건이라도 요긴하게 쓰일 때가 있음을 빗대어 이르는 말이지요. 그렇다면 정말로 개똥을 약으로 쓰기도 했다는 사실에 믿음을 가져 볼 만하지 않을까요?

허준이 지은 『동의보감東醫寶鑑』에 다음과 같은 내용이 나옵니다.

> 백구시白狗屎(흰개의 똥)는 정창疔瘡과 누창瘻瘡을 치료한다. 가슴과 배의 적취積聚와 떨어져서 다쳐서 생긴 어혈을 다스리니 소존성燒存性으로 하여 술에 타서 먹으면 신효神效하다.

정창은 작고 딴딴한 뿌리가 박혀 있는 종기를 말하며, 누창은 종기 등이 구

멍이 뚫어져서 고름이 흐르고 냄새가 나면서 오랫동안 낫지 않는 병증을 말합니다. 그리고 적취는 몸 안에 쌓인 기로 인하여 덩어리가 생겨서 아픈 병을 말하며, 소존성은 한약을 만드는 방법 중 하나로 겉은 숯처럼 태우지만 속은 누런 기운이 있도록 태워 그 약효를 보존하는 방법입니다.

『동의보감』에 나와 있는 내용이니, 옛날에는 개똥을 약으로 쓰기도 했다는 사실을 믿어도 될 듯합니다. 물론 지금은 어느 한의원에서도 개똥을 약으로 쓰는 일은 없겠지요. 아무리 좋은 약이 된다고 해도, 개똥이라는 걸 알면서도 선뜻 먹겠다고 나서는 사람은 거의 없을 겁니다.

그렇다면 개똥이 아닌 소똥이나 말똥 같은 것도 약으로 썼을까요? 말똥도 약으로 썼는지는 모르겠으나, '소똥도 약에 쓸 때가 있다'는 속담이 있는 것으로 보아 소똥 역시 약으로 썼다고 짐작해 볼 수 있겠습니다. 개똥에 비해 소똥은 여러모로 쓸모가 있었으니 거부감은 덜하지 않을까 하는 생각도 해 봅니다.

'개똥도 약에 쓰려면 없다'는 속담과 같은 뜻으로 '까마귀 똥도 약에 쓰려면 오백 냥이라'와 '까마귀 똥도 약이라니까 물에 깔긴다'는 게 있습니다. 개똥에 비하면 까마귀 똥은 오히려 귀한 편이었을 겁니다. 까마귀 역시 개 못지않게 우리나라 사람에게 구박을 받는 동물이라, 위와 같이 비꼬는 내용의 속담을 만들어 썼을 것으로 짐작됩니다. 개나 까마귀가 들으면 서운해할 일이지요.

경위가 삼칠장이라

어른에게 싹싹하고 예의바른 행동을 하거나 하면 "젊은 친구가 참 경우가 바르군" 하는 소리를 듣게 됩니다. 이때 '경우가 바르다'고 하는 말은 '경위가 바르다'고 해야 정확한 말이 됩니다. 하지만 워낙 많은 사람들이 '경우가 바르다'고 하는 바람에 잘못된 말이 그대로 굳어져서 사람들 입에 오르내리고 있습니다.

'경우境遇'라는 말은 '사리나 도리' 혹은 '놓여 있는 조건이나 놓이게 된 형편이나 사정'을 말합니다. 그리고 '경위涇渭'는 '사리의 옳고 그름이나 이러하고 저러함에 대한 분별'을 말합니다. 언뜻 생각하면 두 말이 같은 뜻으로 사용되는 것 같지만 '경우'는 옳고 그름을 따지기 이전의 단순한 상황을 말하고, '경위'는 상황에 대한 옳고 그름을 판단하는 행위를 포함합니다. 북한에서 쓰는 속담에 '시어미 말대답이 아니라 경우가 그러하외다'라는 말이 있습니다. 며느리는 시어머니에게 옳은 말을 하고도 말대답이라고 야단맞는다는 뜻으로, 혹은 자신이 괜히 대드는 것이 아니라 경우가 그러함을 이르는 말로 쓰입니다. 이때 쓰인 '경우'라는 낱말이 바로 '경우境遇'를 가리킵니다. 이에 반해 경위는 보통 '경위가 밝다', '경위가 분명하다', '경위를 따지다', '경위가 바르다'와 같은 형태로 쓰입니다.

이 말은 또 '경위經緯'와 혼동을 일으키기 쉬운데, 경위經緯는 직물織物의 날經과 씨緯를 아울러 이르는 말이며, 흔히 '일이 진행되어 온 과정'을 뜻합니다. '날'은 천, 돗자리, 짚신 따위를 짤 때 세로로 놓는 실을 말하고, '씨'는 천, 돗자리, 짚신 따위를 짤 때 가로로 놓는 실을 말합니다. 마치 날실과 씨실을 엇갈리게 해서 쫀쫀한 베를 짜듯이 일이 진행되어 온 과정을 나타내는 말입니다.

우리가 살펴보려는 '경위가 삼칠장이라'는 속담에 쓰인 '경위涇渭'는 중국 황하의 지류인 징수이涇水와 웨이수이渭水의 머리말에서 각기 한 글자씩 따서 만든 말입니다. 징수이 강의 강물은 흐리고 웨이수이 강의 강물은 맑아 뚜렷이 구별이 되며, 두 물이 만나 합쳐져서 흐르는 동안에도 구별이 분명했다고 합니다. 그래서 경위涇渭라는 말은 징수이와 웨이수이의 물이 분명히 구별되듯이, 옳고 그름을 분별한다는 뜻을 지니게 된 것이지요.

그런데 '삼칠장'이라는 말은 또 어디서 온 말일까요? 우리말에는 노름판에서 나온 말이 많습니다. '삼칠장' 역시 노름을 하는 투전판에서 나온 말로, 장은 10을 말합니다. 투전에서 잡은 끗수가 3, 7, 10이면 다 합쳤을 때 끝자리가 0이 됩니다. 투전에서 끗수가 0인 것은 아무짝에도 쓸모가 없지요. 이러한 패를 지녔을 때 '망통' 혹은 그냥 '통'이라고도 하며, 가장 쳐주지 않는 끗수입니다. 그래서 '경위가 삼칠장이라'고 하는 속담은 투전에서 아무 끗수가 없는 판이 되는 것처럼 사물의 옳고 그름과 좋고 나쁨을 가리지 못함을 이르는 말로 씁니다.

이와 같이 '경위가 삼칠장이라'는 속담은 별로 바람직하지 못한 상태를 가리킬 때 씁니다. 이러한 상태를 벗어나 경위涇渭가 바른 사람들이 많아질 때 좀 더 바람직한 사회로 나아갈 수 있을 것입니다. 옳고 그름을 따질 수 있는 분별력이야말로 도덕심을 기르는 중요한 덕목이 될 수 있으니까요.

계집 바뀐 건 모르고 젓가락 짝 바뀐 건 안다

자기 부인이 엉뚱한 사람으로 뒤바뀐 걸 모르고 함께 살 만큼 어리석은 사람이 있을까요? 현실에서는 그런 일이 일어날 리 없겠지만 옛날이야기나 소설 속에서라면 가능하겠지요. 이런 어리석은 남자의 이야기가 고전소설 『콩쥐팥쥐전』에 나옵니다.

워낙 유명한 이야기라 대강의 줄거리는 다들 알고 있을 텐데, 그중 속담과 관련된 내용만 간추리면 다음과 같습니다.

> 콩쥐가 계모로부터 온갖 구박과 시달림을 받던 중 하루는 건넛마을 외갓집 잔치에 가다 마침 고을의 감사가 지나가는 행렬 소리에 놀라 허겁지겁 개울물을 건너느라 그만 신 한 짝을 흘립니다. 그 신을 발견한 감사는 신에서 풍겨 나오는 상서로운 기운을 신기하게 여겨 주인을 찾아오라 이릅니다. 관리들이 마을을 돌아다니며 신의 주인을 찾자 계모가 자기 신이라고 우기는 등 우여곡절 끝에 진짜 신 임자인 콩쥐를 찾게 되고, 마침 부인을 잃고 혼자 지내던 감사가 콩쥐에게 혼인을 청하여 부부의 인연을 맺습니다.
>
> 이를 시샘한 계모의 친딸인 팥쥐가 콩쥐를 만나러 가서 거짓으로 그동안의 잘못을 뉘우치는 척하며 마음을 산 뒤 연못에서 함께 목욕을 하자고 꾀어서는 콩쥐를 연못 깊은 곳으로 밀어 넣어 죽입니다. 그런 연후에 자신이 마치 콩쥐인 것처럼 속이고 감사의 부인 노릇을 합니다. 감사는 콩 멍석에 넘어져 얼굴이 얽어 보이게 되었다는 팥쥐의 말을 그대로 믿고 얼굴이 변한 것만 슬프게 여길 뿐 사람이 바뀐 것은 전혀 깨닫지 못했습니다.
>
> 그 뒤에 콩쥐의 원혼이 평소 가까이 지내던 이웃 할멈에게 자신이 죽게 된

사연을 이야기한 다음, 이러저러하게 하라고 계책을 알려줍니다. 할멈은 자신의 생일이라 속이고 감사를 초대하여 음식을 대접하는데, 젓가락을 한 짝은 길고 다른 한 짝은 짧은 것으로 상에 올려두었습니다. 젓가락을 집어든 감사가 할멈의 소홀함을 나무라자, 병풍 뒤에서 이런 말이 흘러나왔습니다.

"젓가락 짝이 틀린 것은 그렇게 똑똑히 아시는 분이 사람의 짝이 틀린 것은 왜 그토록 모르시는지요?"

그 소리에 감사가 어리둥절하고 있는데, 병풍 뒤에서 홀연히 콩쥐의 원혼이 나타나 그동안의 일을 낱낱이 일러 주었습니다. 결국 모든 상황을 파악한 감사는 연못 물을 퍼내어 콩쥐의 시신을 건져 올렸으며, 되살아난 콩쥐와 다시 행복한 삶을 살게 됩니다. 물론 콩쥐와 그 어미는 죽임을 당했지요.

내용을 살펴볼 때, 다른 고전 작품들과 마찬가지로 권선징악과 해피엔딩으로 끝나는 고전소설의 전형적인 틀을 그대로 지녔다는 걸 알 수 있습니다. 위 이야기에 나오는 대로 감사가 자기 부인도 제대로 구분하지 못하고 지내는 어리석음을 일깨워 주기 위해 마련한 젓가락 일화에서 '계집 바뀐 건 모르고 젓가락 짝 바뀐 건 안다'는 속담이 생겨났습니다. 큰 변화는 모르고 지내면서, 소소하게 달라진 것에 대해서는 떠드는 사람을 핀잔하는 말로 쓰이는 속담입니다.

글에 미친 송 생원

옛날 양반이나 선비라면 으레 글을 읽고 쓰는 일에 많은 시간을 바칩니다. 학문을 닦음으로써 자신의 인품을 수양하기 위한 목적도 있었지만, 과거 시험을 통해 입신양명하려는 의도 또한 무시할 수 없었을 겁니다. 특히 몰락한 양반 중에 오로지 과거 시험에만 매달려 집안 살림은 거들떠보지도 않았던 사람도 많았습니다.

'글에 미친 송 생원'이라는 속담이 있는데, 사전에 다음과 같은 뜻풀이가 올라 있습니다. ① 집안일을 돌보지 아니하고 오로지 글공부만 하고 있는 사람을 놀림조로 이르는 말, ② 어떤 한 가지 일에만 열중하여 다른 일은 다 잊고 있는 사람을 빗대어 이르는 말, ③ 글공부를 하다가 미쳐서 중얼대는 송 생원처럼, 무엇인지 입속으로 중얼거리는 사람을 빗대어 이르는 말입니다.

과연 송 생원이 실제로 존재했던 사람인지, 얼마나 글을 많이 읽었는지, 어떤 행동을 하며 살았는지 등에 대한 궁금증이 생겨나기 마련인데, 조수삼趙秀三(1762~1849)이 지은 『추재기이秋齋紀異』에 송 생원에 대한 이야기가 나옵니다. 이 책에는 18세기 말에서 19세기 초에 살았던 기이한 행적을 지닌 사람들이 나옵니다. 조수삼이 직접 보고 들은 내용을 바탕으로 해서 짧은 전기를 쓴 셈인데, 거기에 다음과 같이 송 생원에 대해 기록해 놓았습니다.

> 송 생원은 가난해서 아내도 집도 없었지만, 시 짓는 솜씨만은 뛰어났다. 그는 미친 척하고 돌아다녔는데, 누가 운韻을 부르면 곧바로 시를 읊고는 돈 한 푼을 달라고 했다. 이 돈을 손에 쥐여 주면 받았지만, 땅바닥에 던지면 돌아보지도 않았다. (그가 지은 글 중에는) 같은 고향의 역졸을 보내며 지은 (다음) 시

처럼 아름다운 구절도 많았다.

천 리 타향에서 만났다가
만 리 밖으로 헤어지는데
강 언덕 성에는 꽃이 지고
부슬비만 내리네.

그러나 일찍이 전편을 마무리한 적은 없다. 어떤 사람이 이렇게 말했다고 들었다. "그는 은진 송씨인데, 일가친척들이 불쌍하게 여겨 집을 마련해 살게 해 주고, 다시는 떠돌지 못하게 했다."

— 조수삼, 『추재기이』, 허경진 역(2008)

아마도 송 생원은 몰락한 양반이었던 듯합니다. 당시에는 신분제가 무너지면서 먹고살기 힘들어진 양반이 나무장사를 하는 경우도 있었다고 합니다. 송 생원 역시 생계를 위해 거리에 나와 시를 읊고 그 대가로 돈을 받았는데, 돈을 땅바닥에 던져 주면 돌아보지도 않았다는 대목에서 양반으로서의 마지막 자존심을 지키려는 모습을 살펴볼 수 있습니다. 미친 척하고 다녔지만 실제로 미친 것은 아님을 알 수 있으며, 몰락한 양반의 서글픈 처지가 엿보입니다.

속담을 통해 송 생원이라는 실존인물을 발견해 내는 기쁨, 그리고 조선 후기에 신분제가 무너져 가는 모습을 생생하게 그려 볼 수 있는 소득을 함께 얻게 되니, 이러한 것이 속담이 주는 재미라고 하겠습니다.

달걀에도 뼈가 있다

늘 일이 안 풀리던 사람이 모처럼 좋은 기회를 얻어 어떤 일을 하려는데 공교롭게도 일이 꼬여서 풀리지 않을 때 '달걀에도 뼈가 있다'는 속담을 씁니다. 참으로 재수가 없는 상황을 만났을 때 흔히 쓰는 말입니다. 이 속담을 한자어로는 '계란유골鷄卵有骨'이라고 하지요. 이 말은 흔히 계란을 먹으려고 했는데 그 안에 뼈가 들어 있어서 먹을 수가 없었다는 뜻으로 풀이합니다. 그런데 이러한 풀이는 정말로 올바른 것일까요? 언뜻 들으면 아무 문제가 없는 풀이 같지만, 정확한 사실을 따져 보면 그렇지 않다는 것을 알 수 있습니다.

이 말은 옛 문헌에 여러 번 그 유래가 나옵니다. 조선 중기에 권문해가 편찬한 『대동운부군옥大東韻府群玉』을 비롯하여 조선 성종 때의 학자 서거정이 쓴 『태평한화골계전太平閑話滑稽傳』의 「계란개골鷄卵皆骨」이란 글과 순조 때 조재삼이 지은 『송남잡지松南雜識』에 보면 조금씩 차이는 있지만 대체로 다음과 같은 이야기가 나옵니다.

> 고려 때 강일용康日用이란 사람(조선시대 황희 정승이라고 하는 기록도 있음)이 살았는데 살림이 매우 어려웠습니다. 이 사실을 안 임금이 하루는 그를 도와주려고 새벽에 성문을 연 다음 밤중에 성문을 닫을 때까지 성으로 들어오는 모든 물건을 그에게 주라는 명령을 내렸습니다. 그런데 하필 그날따라 하루 종일 비가 내려서 성문 근처에 얼씬거리는 사람이 없었습니다. 그러다가 날이 어두워 성문을 닫을 때쯤 해서 한 사람이 계란 꾸러미를 지고 왔습니다. 이것을 받아 가지고 집으로 돌아와서 삶아 먹으려고 보니 계란이 모두 곯아서 먹을 수 없게 되었습니다.

특히 『송남잡지』에는 글 끄트머리에 '골骨'을 '곯았다'고 풀이해 놓았습니다. 따라서 '계란유골'이란 계란이 곯아서 먹을 수 없게 되었다는 뜻임을 알 수 있습니다. 결국 '달걀에도 뼈가 있다'는 말은 후세 사람들이 한자의 뜻을 곧이곧대로 풀이하는 바람에 지금처럼 굳어진 것입니다. 어쩌다 부화가 되다 만 달걀 속에 실제로 뼈가 들어 있을 가능성도 있긴 합니다. 하지만 달걀이 곯아서 못 먹게 되는 경우가 일반적이라고 할 때 '骨'은 '뼈'가 아니라 '곯았다'고 해석을 하는 것이 여러모로 마땅합니다. 물론 어떻게 풀이를 해도 본뜻 자체가 크게 어긋나는 것은 아니지만 명백히 잘못된 것은 원래의 의미대로 바로잡을 필요가 있다고 하겠습니다.

마지막으로 한마디 덧붙이자면 이제는 닭조차도 항생제가 든 사료를 먹여 키우는 바람에 아무리 오래되어도 곯지 않는 무정란無精卵만이 쏟아져 나올 만큼 세상이 바뀌었다는 사실입니다. 보관의 편리성만을 좇는다면 좋은 일이지만, 자연의 섭리를 생각한다면 서글픈 이야기가 아닐 수 없습니다. 더구나 옴짝달싹할 수 없도록 빽빽한 사육장에 밤에도 불을 환히 켜 놓고 하루에 알을 두 개씩 낳도록 닭을 혹사시키는 건 사람을 위해 다른 생명을 돌보지 않는 야만스러운 처사라고 하겠습니다.

대한이 소한 집에 놀러 갔다가 얼어 죽는다

겨울 추위를 생각하면 절로 몸이 웅크려집니다. 물론 겨울을 좋아하는 사람들은 그깟 추위쯤이야 하겠지만 말입니다.

겨울 중에 가장 추울 때가 소한小寒 무렵이라고 합니다. 그래서 '대한이 소한 집에 놀러 갔다가 얼어 죽는다'는 속담이 있습니다. 대한보다 소한이 춥기 때문에 생겨난 재미있는 속담입니다. 그런데 왜 대한이 더 춥지 않고 소한이 더 추울까 하는 의문을 가져 볼 법합니다. 한자의 뜻을 그대로 풀이하면 분명 대한大寒, 즉 '큰 추위'가 소한小寒, 즉 '작은 추위'보다 더 추워야 이치에 맞을 텐데 말입니다.

농경사회에서 기후 변화를 예측하는 것은 매우 중요합니다. 때에 맞춰 씨를 뿌리고 곡식을 거둬들이자면 계절 변화에 따른 정확한 기후를 알고 있어야 하기 때문입니다. 그런데 계절의 변화는 태양의 움직임에 의해 결정되므로 달의 움직임을 기준으로 해서 만든 음력은 계절의 변화와 잘 일치하지 않습니다. 이런 문제점을 보완하기 위해 태양의 움직임에 맞춘 24절기를 만들어 음력과 병행해서 사용해 왔습니다. 그런데 이 24절기는 그 옛날 중국 주周나라 때 화북華北 지방(황하의 북쪽 지역)의 기후에 맞추어서 만든 것입니다. 따라서 우리나라의 기후와는 어느 정도 차이가 있을 수밖에 없고, 소한이 대한보다 추운 이유도 이로 말미암은 것입니다.

24절기는 춘분점春分點(태양이 남쪽에서 북쪽으로 향해 적도를 통과하는 점)으로부터 태양이 움직이는 길인 황도를 따라 동쪽으로 15도 간격으로 나누어 24점을 정했을 때, 태양이 각 점을 지나는 시기를 말합니다. 황도가 0도일 때 춘분, 15도일 때 청명…… 하는 식으로 정한 것이지요. 그래서 각 절기는 보통

15일에 한 번씩, 하루 이틀 정도 차이는 있을 수 있지만 매달 5일과 20일경에 찾아옵니다.

소한은 대체로 1월 5일, 대한은 1월 20일쯤에 해당합니다. 그런데 우리나라 겨울 날씨는 1월 초부터 추워지기 시작해서 1월 15일 무렵이 가장 춥습니다. 따라서 소한은 본격적으로 추워지기 시작하는 시점이고, 대한은 서서히 추위가 풀리기 시작하는 시점입니다. 1월 15일경이 가장 춥긴 하지만, 그래도 소한 추위를 강조하는 것은 사람의 몸이 미처 추위에 적응하기 전에 온도가 갑자기 내려가기 때문에 심리적으로 더욱 춥게 느껴지기 때문일 겁니다.

소한 추위와 관련된 속담으로는, '춥지 않은 소한 없고 포근하지 않은 대한 없다', '소한의 얼음 대한에 녹는다', '소한 추위는 꾸어다가라도 한다' 등이 더 있습니다. 그중에 '소한 추위는 꾸어다가라도 한다'는 속담은 추위를 피하려고만 하지 말고 오히려 적극적으로 맞서서 이겨 낼 것을 강조하고 있습니다. 추위를 이겨 냄으로써 어떤 역경이라도 극복할 수 있는 힘을 기르려 했던 선인들의 삶의 자세를 엿볼 수 있습니다. 겨울은 역시 겨울답게 추워야 제 맛이 나고, 그런 겨울의 모진 추위를 이겨내야 다가오는 봄의 생명력이 더욱 충만해지는 건 아닐까요?

도랑 치고 가재 잡는다

한 가지 일로 두 가지 이익을 볼 때 쓰는 속담으로 '꿩 먹고 알 먹고'가 있습니다. 한자말로는 일거양득一擧兩得이라고 하지요. 흔히 일석이조一石二鳥라고도 하는데, 이 말은 쓰지 않는 게 좋습니다. 일석이조는 일본에서 들어온 한자말이기 때문입니다. 뜻을 살펴보아도 돌 하나를 던져 새 두 마리를 잡는다는 말이니, 생명을 존중한다는 차원에서 볼 때 그리 좋은 표현은 못 됩니다. 따라서 한 손을 들어 두 가지 이득을 본다는 뜻으로 만든 일거양득을 쓰는 게 훨씬 좋겠습니다.

위와 같은 뜻으로 '도랑 치고 가재 잡는다'는 속담을 쓰는 사람들이 많습니다. 하지만 엄밀히 따지면 이러한 풀이는 잘못된 것입니다. 본래는 '일의 순서가 바뀌었기 때문에 애쓴 보람이 나타나지 않음'을 비유해서 쓰던 말입니다. 왜 그런 뜻을 지니게 되었는지는 조금만 생각을 해보면 알 수 있습니다.

어릴 때 계곡이나 도랑에서 가재를 잡아본 사람들이 많을 겁니다. 가재는 주로 맑은 물이 흐르는 계곡이나 도랑의 돌 밑에 숨어 있습니다. 따라서 가재를 잡으려면 가재가 숨어 있을 만한 곳에 놓인 돌을 살그머니 들어 올리는 것이 먼저 할 일입니다. 이때 흙탕물이 생기면 가재가 그 틈을 이용해 도망가기 때문에 물이 흐려지지 않도록 조심스럽게 움직여야 합니다. 그런데 도랑을 친다고 마구 헤집어 놓으면 흙탕물이 일어 가재가 모두 도망가 버리겠지요. 더구나 들여다보이지도 않는 뿌연 흙탕물 속에서 무슨 수로 가재를 잡겠습니까? 따라서 가재를 먼저 잡은 다음에 도랑을 치는 게 순서에 맞는 일입니다. 그렇게 해서 생긴 속담이 '도랑 치고 가재 잡는다'입니다.

그런데 언젠가부터 처음의 뜻은 흐려지고, 동시에 두 가지 이익을 본다는 엉뚱한 뜻으로 쓰이기 시작했습니다. 분명 잘못된 풀이인데도 워낙 많은 사람들이 그런 뜻으로 쓰다 보니, 이제는 국어사전에도 두 가지 뜻이 함께 올라 있습니다. 다만 본래의 뜻풀이가 먼저 나오고, 잘못 굳어진 뜻풀이가 뒤에 나옵니다. 말이란 건 스스로 생명력이 있어서 세월이 흐름에 따라 뜻이 변하기도 하고 새로운 뜻이 덧붙기도 합니다. 뜻풀이가 잘못되었으니 그 속담을 그런 뜻으로는 사용하지 말라고 강요하거나 돌이킬 수는 없는 일이지요. 다만 본래 어떤 뜻으로 만든 속담인지, 그리고 왜 그런 뜻을 가지게 되었는지는 알고 있어야겠습니다. 그게 우리말을 아끼고 사랑하는 방법일 겁니다.

가재와 관련된 속담으로는 '가재는 게 편'이라는 말이 널리 쓰이고 있습니다. 모양이나 형편이 비슷하고 인연이 있는 것끼리 서로 잘 어울리고, 사정을 보아주며 감싸 준다는 뜻이지요. 많이 쓰이지는 않지만 '가재 물 짐작하듯'이라는 것도 있습니다. 무슨 일에나 예측을 잘함을 가리킬 때 쓰는 속담입니다. '산 진 거북이며 돌 진 가재라'는 속담도 있습니다. 큰 세력을 믿고 버티는 사람을 가리킬 때 쓰는 속담입니다. '가재를 치다'라는 관용어도 있는데, 이 말은 가재가 뒷걸음을 잘 친다는 데서 나온 말입니다. 샀던 물건을 도로 무르는 것을 비유해서 일컫는 말입니다.

요즘은 가재를 구경하지 못한 아이들도 많을 겁니다. 가재가 사는 맑은 계곡이 줄어들기 때문이기도 하지만, 가재를 잡으러 다닐 시간조차도 없이 아이들의 삶이 바쁘기 때문이라는 걸 생각하면 씁쓸합니다.

되놈이 김 풍헌을 안다더냐

조선 영조 때의 문인 유본학柳本學이 한문으로 지은 고대소설에 『김풍헌전金風憲傳』이라는 게 있습니다. 짤막한 소설인데, 내용은 대략 다음과 같습니다.

조 진사라는 사람이 서울에서 살다 관동의 안협이라는 지방으로 옮겨와 살게 되었습니다. 조 진사는 바둑과 장기 두기를 즐겨했는데, 마침 그 고을에 사는 김 풍헌(풍헌風憲은 지방의 작은 벼슬아치를 일컫는 관직 이름)이라는 사람이 바둑과 장기를 제법 둘 줄 알아 서로 어울리게 됩니다. 마침 조 진사의 부인이 중병을 앓고 있었으나 아무도 병을 고치지 못했습니다. 얘기를 전해 들은 김 풍헌이 잉어와 담죽초를 달여 먹으면 나을 것이라고 했으나, 조 진사는 시골 마을에 사는 인물의 말을 얼마나 믿을 수 있겠냐는 마음에서 그냥 흘려듣고 맙니다. 이에 김 풍헌이 잉어와 담죽초를 직접 구해 와서 달여 먹이자 신기하게도 조 진사 부인의 병이 나았습니다. 이에 조 진사가 고마움을 표시하려 진수성찬을 준비하고 창옷을 선물했으나 김 풍헌은 진수성찬을 거부하고 창옷은 나중에 찾으러 올 테니 그때까지 보관을 해 달라는 말을 남기고 돌아갑니다. 그 뒤 김 풍헌이 스스로 죽을 날이 다 되었음을 알리고는 창옷을 찾아갑니다. 조 진사가 부리나케 김 풍헌의 집을 찾아가서 보니 관 안에는 창옷만 남고 시신은 보이지 않았습니다. 김 풍헌이 선인仙人이 되어 사라진 것입니다.

이처럼 기이한 신통력을 지닌 김 풍헌이라는 인물을 끌어들여 만든 속담이 '되놈이 김 풍헌을 안다더냐'입니다. 무식한 되놈이 그 훌륭한 김 풍헌을 어찌 알겠냐는 뜻으로, 지위가 높은 사람을 몰라보고 모욕하는 것을 핀잔하는 말로 쓰입니다.

여기서 '되놈'은 누구를 가리키는 걸까요? 되놈은 보통 '뙤놈'이나 '떼놈'처럼 부르기도 하지만 되놈이 정확한 말입니다. 예전에는 만주 지방에 살던 여진족 등을 낮잡는 뜻으로 이르던 말이었는데, 점차 중국 사람 전체를 낮춰 부르는 말로 쓰이게 되었습니다. 일본 사람을 왜놈이라고 부르는 것과 마찬가지라고 하겠는데, 이민족에 대한 예의를 생각한다면 함부로 써서는 안 되는 말이라고 하겠습니다. 중화주의 입장에서 보면 우리 민족 역시 오랑캐에 속했는데, 우리가 소중화小中華를 자처하면서 이민족을 되놈이니 왜놈이니 하는 말로 경멸하는 것은 부끄러운 일입니다. 우리 스스로 우수한 민족이라 여기고 자부심을 갖는 것까지는 그럴 수 있는 일이나, 다른 민족을 우리 민족에 비해 열등하다고 하는 것은 매우 오만하고 위험한 생각입니다.

어떤 사람과 겸상하기 싫을 때 '되놈과 겸상을 하면 재수가 없다'고 하거나, 수고하여 일한 사람은 따로 있고, 그 일에 대한 보수는 다른 사람이 받는다는 뜻으로 '재주는 곰이 넘고 돈은 되놈이 받는다'고 하는 속담은 그러므로 민족 차별적인 내용을 담고 있는, 시대에 맞지 않는 속담이라고 하겠습니다.

되놈의 어원에 대해서도 여러 가지 설이 있는데, 된바람이 북풍을 가리키듯이 '되'가 북쪽을 뜻하는 데서, 되놈은 북쪽지방에 사는 사람을 가리키던 말이라는 설이 가장 그럴듯합니다.

마른하늘에 날벼락

벼락은 공중의 전기와 땅 위의 물체에 흐르는 전기 사이에 방전 작용으로 일어나는 자연현상을 가리킵니다. 주로 비가 올 때 일어나는 현상이지요. 그런데 비나 눈이 오지 않는 맑게 갠 하늘, 즉 마른하늘에 벼락이 칠 때도 있습니다. 이런 현상을 일러 '마른하늘에 날벼락'이라고 합니다. '날벼락'에서 '날'은 '지독한'이나 '혹독한' 등의 뜻을 지닌 접두어이며, 다른 예로는 '날강도, 날도둑놈' 같은 것이 있습니다. '날벼락' 대신 '생벼락'을 쓰기도 하는데, 마른하늘에 벼락이 치는 일은 매우 드물기 때문에 '뜻하지 아니한 상황에서 뜻밖에 입는 재난'을 이를 때 쓰는 속담입니다.

그런데 마른하늘에 날벼락이 칠 수 있을까요? 마른하늘이라고 해도 구름이 끼고 습도가 높으면 번개가 칠 가능성이 있다고 합니다. 관측자가 있는 곳은 맑지만 관측 지점으로부터 멀리 떨어진 곳에서 비를 머금은 적란운이 지나갈 때 거기에서 관측자가 있는 곳으로 비스듬히 번개가 칠 때가 있는데, 이게 바로 마른하늘에 날벼락인 셈입니다. 드물긴 하지만 과학적으로 불가능한 일은 아니라고 합니다.

이 속담을 한자성어로는 '청천벽력靑天霹靂'이라고 합니다. 이 말은 중국 남송 시대의 시인 육유陸游가 지은 오언고시五言古詩 「구월사일 계미명기작九月四日鷄未鳴起作」에서 비롯되었습니다. 관련 구절을 인용하면 다음과 같습니다.

放翁病過秋방옹병과추　방옹이 병으로 가을을 지내다가
忽起作醉墨홀기작취묵　홀연히 일어나 술 취한 기운에 시를 지으니
正如久蟄龍정여구칩용　바로 오래 칩거하던 용이

青天飛霹靂청천비벽력　청천에 벼락을 치며 나는 것 같았다

위 시에서 '방옹'은 육유 자신을 가리키며, 자신이 지은 시의 웅혼함을 노래한 것입니다. 시 내용에서 보는 것처럼 '청천비벽력'은 육유가 자신의 뛰어난 문장력을 비유해서 사용한 말입니다. 그러던 것이 훗날 '청천벽력'만 따로 떼어 내서 '돌발적인 사고 중에서도 불행한 일, 바람직하지 못한 일이 일어났을 때 쓰는 말'로 바뀌었습니다. 예를 들면 '그가 죽었다는 소식이 내게는 청천벽력이었다'처럼 씁니다.

벼락이 들어가는 속담이 여럿 있는데, '벼락 맞은 소 뜯어 먹듯'은 여럿이 달려들어 제각기 욕심을 채우려 하는 모양을 빗대어 이르는 말입니다. '벼락 치는 하늘도 속인다'는 악한 자에게 벼락을 내리는 하늘도 속인다는 뜻으로, 속이려면 못 속일 것이 없음을 빗대어 이르는 말입니다. '번개가 잦으면 벼락 늦이라'는 것도 있는데, 이 말은 '번개가 잦으면 천둥을 한다'와 같은 뜻을 지닌 속담입니다. '늦'은 요즘엔 잘 안 쓰는 말인데, '앞으로 어떻게 될 것 같은 일의 근원, 또는 먼저 보이는 빌미'를 뜻합니다. 그래서 이 속담은 '어떤 일의 징조가 잦으면 반드시 그 일이 생기기 마련임, 혹은 나쁜 일이 잦으면 결국에는 큰 봉변을 보게 됨을 빗대어 이르는 말'입니다.

옛사람들은 하늘이 노해서 벼락을 친다고 믿기도 했습니다. 그래서 나쁜 짓을 할 경우에 '벼락 맞을 놈'이라는 표현을 하는데, 평소 행실을 바르게 하고 어떤 경우에도 벼락 맞을 일은 하지 말아야겠지요.

목낭청의 혼이 씌다

고전소설 『춘향전』에는 주인공 성춘향과 이몽룡 말고도 향단이와 방자 등 주변인물이 다양하게 나옵니다. 이들은 각자 개성을 가지고 소설의 재미를 한 층 돋우어 주는 역할을 합니다. 그중에 목낭청睦郎廳이라는 인물도 나오는데, 그리 비중 있는 인물이 아니기에 그런 인물이 작품 속에 나오는 줄도 모르는 사람이 대부분일 겁니다. 목낭청의 목은 성姓이고, 낭청은 조선 후기에 실록청·도감都監 등의 임시 기구에서 실무를 맡아보던 당하관 벼슬을 말합니다. 그러므로 목낭청은 낭청이라는 낮은 벼슬자리에 있으면서 목씨 성을 가진 사람을 말합니다.

목낭청이 나오는 대목은 이몽룡이 춘향이를 만나고 와서 책을 읽는데, 그 소리를 듣고 이몽룡의 아비인 사또가 책방에 있던 목낭청을 불러들여 아들의 책 읽는 모습에 대한 이야기를 주고받는 장면입니다. 이몽룡이 실은 춘향이 생각에 엉터리로 책을 읽는 줄도 모르고, 사또는 그저 아들이 대견하게만 생각되어 목낭청에게 글공부하는 아들 자랑을 늘어놓습니다. 이에 목낭청은 아무 생각 없이 무조건 맞장구를 치기에 바쁩니다. 심지어 다음과 같이 어처구니없는 말을 태연하게 늘어놓기까지 합니다.

"장래 정승 하오리다."

사또 너무 감격하여

"정승이야 어찌 바라겠나마는 내 생전에 급제는 쉬 하리마는 급제만 쉽게 하면 출육(육품의 벼슬에 오르는 것)이야 범연히 지나겠나."

"아니요. 그리할 말씀이 아니라 정승을 못 하오면 장승이라도 되지요."

사또가 호령하되,

"자네 뉘 말로 알고 대답을 그리 하나?"

"대답은 했사오나 뉘 말인지 몰라요."

그렇다고 했으되 그게 또 다 거짓말이었다.

이렇듯 목낭청은 자신보다 높은 사람 밑에서 무조건 비위만 맞춰 주는 줏대 없는 인물의 전형이라고 하겠습니다. 그래서 '목낭청'이라고 하면 자기 주견 없이 이래도 응 저래도 응 하는 사람을 놀리는 말로 쓰입니다. 또한 '목낭청조 睦郎廳調'라는 말도 사전에 올라 있는데, 분명하지 않은 태도나 어름어름하면서 얼버무리는 말씨를 뜻합니다.

목낭청이 등장하는 속담으로 '목낭청의 혼이 씌다'라는 말이 있습니다. 시키는 대로 그대로 하는 경우를 빗대어 이르는 말입니다. 말 그대로 목낭청의 혼이 몸 안으로 들어와서 마치 목낭청처럼 행동한다는 뜻이지요.

아들이 엉터리로 책을 읽고 있는 줄도 모르고 자랑스러워하는 사또도 우스꽝스럽지만, 그 밑에서 사또를 올바로 보좌해야 할 하급관리가 직언은커녕 사탕발림만 하는 모습도 한심하기만 합니다. 이 대목에도 양반계층에 대한 비판과 풍자가 스며들어 있음을 알 수 있습니다.

미주알고주알 밑두리콧두리 캔다

"너는 왜 남의 일에 대해 미주알고주알 따지고 드니?"라고 했을 때, 이 말에 나오는 '미주알고주알'은 '사소한 것까지 속속들이 캐어묻는 모양'을 가리키는 부사어입니다. 그런데 여기서 미주알과 고주알은 대체 무엇을 가리키는 말일까요? 미주알은 항문에 닿아 있는 창자의 끝부분을 가리키는 말이며, 고주알은 별 뜻 없이 운율을 맞추기 위해 덧붙인 말입니다. 뜻을 더 강조해서 '미주알고주알 밑두리콧두리 캔다'는 속담을 쓰기도 하는데, 밑두리는 둘레의 밑부분을 가리키는 말이고, 콧두리는 역시 운율을 맞추기 위해 비슷한 말을 겹쳐 놓은 것입니다.

이렇듯 우리말에는 운율을 맞추기 위해 비슷한 형태의 말을 앞뒤로 이어붙인 말이 많습니다. 그런데 왜 이런 형태의 말이 생겨나게 되었을까요? 말은 상대방에게 자신의 생각과 뜻을 전달하기 위한 도구입니다. 하지만 단순히 생각과 뜻을 전달하는 기능에 그친다면 사람들끼리 서로 말을 주고받는 행위가 참 재미없고 따분할 겁니다. 말을 주고받음으로써 기본적인 의사 전달 외에 다른 즐거움을 누릴 수 있도록 한다면 언어생활에 훨씬 윤기가 돌지 않을까요? 말은 귀를 통해 상대방에게 전달됩니다. 그렇다면 귀가 즐거울 수 있도록 하려면 어떻게 해야 할까요? 음악적인 리듬, 바로 운율을 살릴 수 있도록 하는 것이 하나의 방법입니다. 운율은 글자 수를 비슷하게 맞추거나 비슷한 소리를 반복할 때 생겨납니다. 그래서 소곤소곤, 찰랑찰랑, 두근두근, 어슬렁어슬렁 같은 말을 만들어 쓰게 된 것입니다. 그런데 단순히 같은 말을 겹쳐 놓는 데서 한 걸음 나아가 뒷말에 약간의 변화를 주면 조금 더 감칠맛이 납니다. 싱글벙글, 아롱다롱, 얼기설기, 티격태격, 곤드레만드레 같은 말처럼 말입니다.

이와 같은 형태의 말 중에서 재미있는 몇 가지를 살펴볼까요? '아주 자질구레한 것' 혹은 '자질구레한 일에 대하여까지 좀스럽게 셈하거나 따지는 모양'을 이르는 '옴니암니'라는 말이 있습니다. 여기서 옴니는 어금니가, 암니는 앞니가 변해서 된 말로, 다 같은 이인데 어금니 앞니까지 일일이 따진다는 뜻으로 만든 말입니다. '글씨를 되는대로 아무렇게나 써 놓은 모양'을 이르는 '괴발개발'이라는 말도 재미있습니다. 여기서 '괴'는 고양이가 줄어서 된 말입니다. 그래서 고양이나 개가 발로 그려 놓은 것처럼 글씨가 엉망이라는 뜻을 나타냅니다. '어중이떠중이'라는 말도 들어본 적이 있을 겁니다. '여러 방면에서 모여든, 탐탁하지 못한 사람들을 통틀어 낮잡아 이르는 말'입니다. 이 말과 비슷하게 쓰는 '멱 진 놈 섬 진 놈'이라는 속담도 있습니다. '형형색색의 여러 놈'이라는 뜻입니다. 여기서 '멱'은 '멱서리'라고도 하며, 짚으로 날을 촘촘히 결어서 만든 그릇의 하나로, 주로 곡식을 담는 데 씁니다. 그리고 '섬' 역시 같은 형태의 그릇을 말하는데, 멱보다 섬이 더 커다랗습니다. 멱을 지고 온 놈과 섬을 지고 온 놈이 한데 섞여 있듯 다양한 사람이 모여 있을 때 쓰는 속담입니다.

미주알로 돌아와서 한 가지만 더 알아봅시다. 말미잘이라는 바다생물이 있는데, '말'과 '미잘'을 합쳐서 만든 이름입니다. '미잘'은 '미주알'이 줄어서 된 말이고, '말'은 동물의 명칭이 아니라 말벌이나 말매미처럼 앞머리에 붙어 '큰'을 나타내는 접두어입니다. 그러므로 말미잘은 생김새가 마치 커다란 미주알 같다고 해서 붙은 이름이라는 걸 알 수 있지요. 이태원이 『현산어보를 찾아서』라는 책에서 밝혀 놓은 어원풀이입니다.

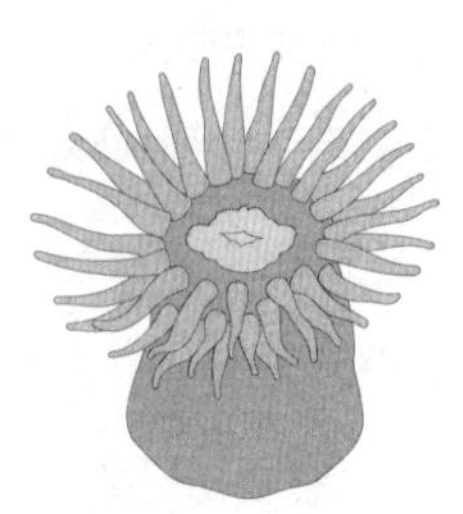

산 김가 셋이 죽은 최가 하나를 못 당한다

소설 쓰는 최인호가 어디선가 '나는 최씨崔氏에 옥니에 고수머리다'라고 쓴 글을 읽은 적이 있습니다. 최씨니 옥니니 고수머리니 하는 것을 모두 사람의 부정적인 성품으로 연결시켜 생각하는 것에 대한 반발을 담고 있는 말입니다. 옥니니 고수머리니 하는 것은 사람의 겉모습에서 풍기는 것이니 그렇다 치고, 여기서는 최씨 성을 가진 사람들이 과연 그런 불명예를 당해도 되는가 하는 점을, 잘못 전해지는 몇 가지 말을 가지고 살펴보려고 합니다.

우선 '최씨 앉은 자리에는 풀도 안 난다'는 말이 있습니다. 중국 고전인 『시경詩經』에 '陟彼崔嵬척피최외 我馬虺隕아마훼퇴'라는 구절이 나옵니다. '내가 저기 있는 높고 험한 산을 오르려 하나 내 말이 비루먹고 피곤하다'는 뜻입니다. 여기서 '崔嵬최외'는 풀도 나무도 나지 않는 바위뿐인 높은 산을 뜻합니다. 옛 선비들이 이 글에 나오는 崔 자를 가지고 '최씨 앉은 자리에는 풀도 나지 않는다'고 놀림조로 이야기하게 된 것입니다. 여기에다 고려 말에 최영 장군이 죽으면서 '내가 평생에 청백淸白하고 충정忠貞했다면 죽은 뒤에 내 무덤에 풀이 나지 않으리라'고 했는데, 과연 그 뒤 최영 장군의 무덤에 풀이 나지 않았다는 이야기가 합쳐지면서 지금처럼 굳어진 것으로 보입니다.

다음은 '산 김가 셋이 죽은 최가 하나를 못 당한다'는 속담입니다. 중국 고대 소설에는 최 판관崔判官이라는 사람이 많이 나옵니다. 이 최 판관은 저승의 염라대왕 앞에서 죽은 사람의 선악을 판단하는 직책을 맡았다고 합니다. 그래서 생전에 최씨에게 잘 보여야 죽은 뒤에 잘 봐 준다는 말이 생겼고, 그 말이 점차 바뀌어 '산 김가 셋이 죽은 최가 한 사람을 못 당한다'고 하게 되었습니다. 한편 강릉 지방에서는 다른 이야기가 전해지고 있기도 합니다. 강릉최씨 성을 가진 처녀가 강릉김씨 성을 가진 집안으로 시집을 가서 아들 셋을 낳고 오래도록 잘 살다 죽었습니다. 시신을 수습하려고 아들 셋이 달려들었으나, 다리를 펴려고 누르면 가슴이 벌떡 일어나고, 가슴을 펴려고 누르면 이번에는 다리가 벌떡 일어나더랍니다. 아무리 애를 써도 시신 수습이 안 되자 친척 어른 한 분이 '산 김가 셋이 죽은 최가 하나를 못 당하는구나' 하며 자신이 직접 시신을 눌러 수습을 했다고 합니다. 강릉김씨는 뒤끝이 무른 편이고 강릉최씨는 상대하기가 만만치 않아서 최깐깐이 또는 최깡깡이로 불리기도 한답니다.

한편 '최깡깡이'라는 말은 중국에서 비롯한 것이라는 설도 있습니다. 중국 당나라 때에 최앵앵崔鶯鶯이라는 여자가 살았는데, 이 여자는 절세의 미인이면서 글과 노래가 뛰어나 그 이름을 널리 떨쳤다고 합니다. 후에 원나라 왕실보王實甫가 『서상기西廂記』라는 희곡을 쓰면서 이 여자를 여주인공으로 등장시켰습니다. 이 작품이 조선시대에 널리 읽히면서 잘난 최씨 여자를 비꼬는 말투로 '최앵앵'이라고 하던 것이 '최깡깡이'로 변해서 지금까지 내려온 것이라고 합니다.

이렇듯 최씨에 대한 말은 모두 합리적인 근거에서 나왔다기보다는 말하기 좋아하는 사람들이 장난삼아 꾸며낸 것에 지나지 않습니다. 따라서 최씨에 대한 세상 사람들의 생각은 분명히 잘못된 것입니다. 무릇 세상에 떠도는 말이란 믿을 게 못 된다고 하던 옛 어른들의 말씀을 헤아려 볼 필요가 있겠습니다.

소대성이 모양으로 잠만 자나

조선 후기에 지어진 고전소설로 당시에 널리 읽히던 『소대성전蘇大成傳』이라는 작품이 있습니다. 지은이와 연대는 알 수 없으며, 중국 명나라를 배경으로, 영웅의 기상을 타고난 소대성이라는 인물의 일생을 그린 영웅소설입니다. 소대성이 일찍 부모를 여의고 고난을 겪다가 무공을 갈고닦아, 흉노가 중원을 침입했을 때 혼자 물리쳐 위기에 처한 천자를 구해 주고는 노왕魯王에 제수된 뒤에, 헤어졌던 이채봉을 만나 혼인을 하여 행복하게 살았다는 내용으로 되어 있습니다.

소설의 내용 중에 소대성의 계모가 늘 소대성을 모함하고 다니는데, 섣불리 변명을 했다가는 또 다른 오해를 받을 것 같아 집 밖에도 나가지 않고 늘 집에서 잠만 잤다는 대목이 나옵니다. 이로부터 잠이 몹시 많은 사람을 빗대어 이를 때 '소대성'이라는 이름을 끌어들이기 시작했으며, '소대성이 모양으로 잠만 자나'라는 속담이 생겨나기도 했습니다. 같은 뜻으로 '소대성이 이마빡 쳤나'라고 쓰기도 합니다.

우리 속담에는 이렇듯 사람 이름이 등장하는 경우가 여럿 있습니다. 재미있는 것 몇 가지를 더 소개하겠습니다.

먼저 '최동학의 기별 보듯'이라는 속담입니다. 지체는 높았지만 무식한 최동학崔東學이라는 사람이 관가에서 보낸 글, 즉 기별을 받고 읽는 체하면서 그 글을 가져온 사람에게 "오늘 관가에서 무슨 일이 있었던가?"라고 물어서 겨우 내용을 알아냈다는 데서 나온 속담입니다. 뜻도 모르면서 글을 읽는 체하는 사람을 놀림조로 이를 때 쓰는 말입니다.

엄천득嚴千得이라는 옛날 상인이 있었는데, 가게 물건을 난잡하게 늘어놓기로 유명했다고 합니다. 그래서 무엇을 지저분하게 많이 늘어놓는 모양을 빗대어 이르거나, 되지도 않는 말을 구구하게 늘어놓음을 이를 때 '엄천득이 가게 벌이듯'이라는 속담을 씁니다.

이번에는 천득봉千得鳳이라는 인물이 있는데, 장안에서 제일가는 염색 기술자였다고 합니다. 이 천득봉이 물색 좋은 옷을 좋아했다는 데서 '천득봉이냐 물색도 좋아한다'는 속담이 생겼습니다. 늘 빛 좋은 옷을 입고 다니는 사람에게 하는 말입니다.

'금 잘 치는 서순동이라'는 속담도 있습니다. 장사꾼들 가운데 계산이 정확하기는 서순동을 따라올 자 없다고 해서 생긴 속담입니다. 서순동이라는 사람이 금, 즉 물건의 값을 잘 매기기로 유명했다고 합니다.

'염충강이 무장 먹듯'이라는 속담은 모든 일에 두서를 모르고 아무 데나 엄벙덤벙하는 사람을 빗대어 이르는 말입니다. 옛날에 염충강이라는 바보가 있었는데, 쓴 것이나 짠 것이나 분간을 못 하기 때문에 무장을 마구 퍼 먹고도 그 맛을 몰랐다는 데서 나온 말입니다. '무장'은 마른 메주를 물에 담갔다가 익은 뒤에 달이지 않고 먹는 장을 가리킵니다.

마지막으로 '철록어미냐 용귀돌이냐 담배도 잘 먹는다'는 속담을 소개합니다. 여자 중에서는 '철록어미'라는 사람이, 남자 중에서는 '용귀돌'이라는 사람이 쉬지 않고 늘 담배를 피웠던 모양입니다. 그래서 늘 담배만 피우는 사람을 놀림조로 이를 때 위와 같은 속담을 씁니다. 용귀돌이는 용고뚜리라고도 합니다.

십 년 공부 도로 아미타불

우리나라 사람들은 오랫동안 불교를 믿어 왔기에 불교에 관련된 말과 속담이 많습니다. 맡은 일에는 정성을 들이지 않으면서 잇속에만 마음을 둘 때 이르는 '염불에는 맘이 없고 잿밥에만 맘이 있다' 같은 속담이 대표적인 경우라 할 수 있겠습니다. 염불은 부처의 모습과 공덕을 생각하면서 아미타불을 부르는 일을 말합니다. 흔히 '나무아미타불 관세음보살'처럼 같은 말을 반복해서 외는 경우를 이릅니다. 그런데 이런 염불과 관련해서 재미있는 속담이 있습니다. 오랫동안 공들여 해 온 일이 허사가 된 경우에 쓰는 '십 년 공부 도로 아미타불'이라는 말이 그렇습니다. 어떻게 해서 이런 속담이 생겨난 것일까요? 이에 대해서는 소백두타小白頭陀라는 필명을 가진 사람이 1925년에 《불교》 7호에 실은 다음과 같은 내용의 글이 참고가 될 듯합니다. 소백두타의 본명은 정확히 알려져 있지 않으나, 해박한 불교 지식을 바탕으로 1920년대에 우리 문화와 불교에 대한 글을 여러 편 발표했습니다.

> '십념공부나무아미타불十念工夫南無阿彌陀佛'은 불교에서 사람이 죽어 가는 임종 시에 아미타불을 열 번만 정성 들여 외면 어떤 중생이든지 왕생극락할 수 있다는 뜻의 무량수경에 나오는 불교 권념의 말이다. 이것을 강조하여 여기서 다시 '십념공부도로아미타불十念工夫都盧阿彌陀佛'로 쓰게 된 것이다. 여기서, '십념十念'은 열 번을 왼다는 뜻이요, '공부工夫'는 계속 외는 것持誦을 바르게 염하여正念 익힘을 뜻함이요, '도로都盧'는 다만但이라는 뜻이요, '나무南無'는 '귀의歸依'라는 뜻이요, '아미타阿彌陀'는 '무량수無量壽'의 뜻이요, '불佛'은 '불타佛陀'를 뜻한다. — 최창렬, 『우리 속담 연구』(1999)에서 재인용

십 년 동안 공부를 했으나 도로(다시) 아미타불이 되는 바람에 실패했다는 식으로 위 속담을 풀면 상식적으로 연결이 잘 되질 않습니다. 아미타불이 되었다면 분명 바람직한 결과일 텐데, 그걸 허사가 되었다고 하니 앞뒤 내용이 모순에 처하는 거지요. 그렇게 보았을 때 소백두타의 견해가 설득력이 있다고 하겠습니다.

'십념'이 '십 년'으로 변한 것은 사람들이 평소에 '십 년이면 강산도 변한다'는 말처럼 '십 년'이라는 말에 '긴 세월'이라는 뜻을 담아 관용적으로 많이 써 왔기에 손쉽게 변이가 이루어질 수 있었을 겁니다. 게다가 도로都盧라는 단어를 한자어로 인식하지 못하고 우리말 부사로 잘못 받아들이는 상황까지 겹쳐 본뜻과는 다른 속담이 만들어지게 된 것입니다. 처음에는 긍정적인 뜻을 담은 말이었으나 변이 과정을 거치면서 부정적인 뜻을 지니게 된 것이지요.

말이란 건 이렇듯 여러 사람 입을 통해 전해지는 과정에서 엉뚱하게 바뀔 때가 종종 있습니다. 그 과정에서 논리적인 내용 전개보다는 평소의 언어 습관이 크게 작용을 하기 때문입니다.

이것과 같은 뜻으로 '심은 나무가 꺾어졌다'는 속담이 있다는 것도 함께 알아 두시기 바랍니다.

처서가 지나면 모기도 입이 비뚤어진다

입춘立春에서 시작하여 대한大寒에서 끝나는 24절기 중 열네 번째에 해당하는 것이 처서處暑입니다. 처서는 입추立秋와 백로白露 사이에 들어 있으며, 태양이 황경 150도에 달한 시각으로 양력 8월 23일경입니다. 처서의 뜻은 '더위를 처분하다', 즉 '더위를 물리친다'로 해석하면 되겠고, 따라서 처서를 고비로 점차 더위가 가시고 선선한 가을이 찾아들기 시작합니다.

따가운 햇볕이 누그러지기 시작하면서 더는 풀이 자라지 않으므로 이때부터 논두렁의 풀을 깎고 산소마다 벌초를 합니다. 그리고 들판에서 익어가는 곡식을 바라보며 농기구를 씻어서 보관할 채비를 합니다. 여름 동안 눅눅해진 옷이나 책을 햇볕에 말리는 일, 즉 포쇄曝曬를 하는 시기도 바로 이 무렵입니다. 중복에는 참외, 말복에는 수박, 처서에는 복숭아, 백로에는 포도라고 하여 처서에는 복숭아가 제철 과일로 최고의 맛을 낸다고도 하지요.

옛사람들은 처서 이후 15일을 5일씩 3후三候로 나누어 초후初候에는 매가 새를 잡아 늘어놓고, 중후中候에는 천지가 쓸쓸해지기 시작하며, 말후末候에는 논벼가 익는다고 했습니다. 그래서 처서 무렵에 농작물이 마지막 햇살을 잘 받아야 하는데, 이 무렵에 만일 비라도 오면 그해 농사를 망친다고 해서 걱정을 했습니다. 이로 인해 '처서에 비가 오면 쌀독의 곡식도 준다'거나 '처서에 비가 오면 십 리에 천 석을 감한다'는 속담이 생겨났습니다.

그리고 처서가 지나면 날씨가 선선해지기 때문에 모기나 파리 등 날것들의 성화가 줄어듭니다. 그래서 '처서가 지나면 모기도 입이 비뚤어진다'는 재미있는 속담이 생겼습니다. 모기의 입이 비뚤어지면 더는 피를 빨기가 힘들겠지요. 모기가 드물어진다거나 사라진다고 하지 않고 입이 비뚤어진다고 표현

한 조상들의 말 부리는 솜씨에 감탄을 하지 않을 수 없습니다.

처서와 관련한 속담 중에는 북한 지방에서 쓰는 것도 있습니다. '처서 밑에는 까마귀 대가리가 벗어진다'는 속담은 처서 무렵의 마지막 더위는 까마귀의 대가리가 타서 벗겨질 만큼 매우 심함을 비유해서 이르는 말입니다. 그리고 '처서에 장벼 패듯'이라는 속담도 있는데, 무엇이 한꺼번에 성하거나 사방에서 요란히 나타남을 비유한 말입니다. 그리고 이 속담에 나오는 '장벼'는 역시 북한에서 쓰는 말로 '이삭이 팰 정도로 다 자란 벼'를 말합니다.

요즘은 처서가 지나도 모기 입이 비뚤어지기는커녕 겨울에도 모기가 나타나곤 합니다. 옛날보다 건물의 난방이 잘 되면서 모기가 따뜻한 곳을 찾아다니면서 생존 기간을 늘리기 때문으로 보입니다. 모기의 생존 본능이야 탓할 바가 아니지만 겨울에도 모기 걱정을 해야 하는 인간의 처지에서 보면 자연의 이치가 변해 가는 것이 그리 탐탁지는 않습니다. 물론 '입은 비뚤어져도 말은 바로 하랬다'는 속담처럼, 이 모든 현상을 인간이 만들어 냈으니 달리 할 말이 없긴 하지요.

평양 황黃고집이다

완고하고 고집이 센 사람을 이를 때 '평양 황黃고집이다'라는 속담을 씁니다. 속담에 나오는 '황고집'은 실존 인물로 집암執庵 황순승黃順承을 가리킵니다. 대체 이 사람이 어떻게 고집을 부렸기에 속담에까지 등장을 한 걸까요?

유재건劉在建(1793~1880)이 지은 『이향견문록里鄕見聞錄』 등에 황순승에 대한 이야기가 전하는데, 몇 가지 일화를 소개하면 다음과 같습니다.

> 황순승의 집에 이르는 길에 다리가 하나 있었는데, 그 다리는 무덤을 쓰다 남은 나무와 무덤에서 나온 물건을 써서 만든 것이었습니다. 다른 사람들은 아무렇지도 않게 다리를 이용했으나 황순승은 무덤을 밟고 지나는 것이나 마찬가지라고 여겨 늘 다리 밑으로 물을 건너 다녔다고 합니다. 추운 겨울에도 누가 보나 안 보나 자기가 옳다고 생각한 대로 다리 밑으로 걸었으니 그 고집이 대단했음을 알 수 있지요.
>
> 언젠가는 볼일이 있어 한양에 갔다가 친구가 죽었다는 소식을 듣게 되었습니다. 함께 갔던 사람이 조문을 가자고 했으나, "내가 지금 한양에 있는 것은 친구의 죽음을 애도하기 위한 것이 아니라 다른 일 때문이네. 이 일을 마치고 고향에 내려갔다가 다시 친구의 죽음을 애도하러 오겠네" 하고는 고향에 갔다가 먼 길을 다시 걸어 와 한양 친구의 집에 조문을 했다고 합니다. 그만큼 고집불통이었습니다.
>
> 이런 일도 있었습니다. 황순승은 관가에서 베푸는 잔치에 참석하게 되면 노래와 춤을 일체 거들떠보지 않았습니다. 어느 날 친구들이 황순승에게 술을 많이 권하여 취하게 만들고는 춤추기를 권했습니다. 하지만 "나는 춤과 노래를

멀리하는 사람일세. 내가 죽었다가 다시 살아난다면 몰라도 지금은 아닐세"라고 말하며 거절했습니다. 이후 다시는 황순승에게 노래와 춤을 권하지 않았다고 합니다.

또한 제삿날이 되면 제수는 항상 황순승이 준비했는데, 값이 비싸더라도 물건 값을 깎지 않았습니다. 조상에게 바칠 음식만은 군소리 없이 사는 것이 조상을 받드는 것이라 믿었기 때문이랍니다.

위 일화에서 보듯 황순승, 즉 황고집은 성품이 매우 곧은 사람이었습니다. 자기가 옳다고 믿는 일에 대해서는 하늘이 두 쪽이 나도 그대로 행했으며, 행동에 매듭이 분명하고 흔들림이 없었습니다. 그러므로 약삭빠른 사람들이 너무 많은 요즘 세상에서는 본받을 점이 많은 분이라고 하겠습니다. 고집이 세다고 해서 무조건 융통성이 없는 사람으로 치부할 것이 아니라, 고집의 밑바탕에 깔린 꼿꼿한 정신을 되새겨 볼 필요도 있겠습니다.

참고로, 황순승은 「소나기」를 쓴 소설가 황순원의 8대조라고 합니다. 선조인 황승순의 꼿꼿한 정신이 평생을 소설 쓰기에만 바친 황순원의 문학정신에까지 이어진 것이 아닌가 합니다.

하룻밤을 자도 만리장성을 쌓는다

조선 후기의 대표적인 실학자 다산 정약용은 정치와 경제 등 치국에 대한 학문뿐만 아니라 역사, 지리, 과학 등 여러 방면에도 뛰어난 업적을 남겼습니다. 또한 언어에도 관심이 많아 『아언각비雅言覺非』와 『이담속찬耳談續纂』이라는 책을 펴냈습니다.

『아언각비』는 잘못 쓰이는 한자말을 모아 바로잡아 놓은 책입니다. 예를 들면 장안長安과 낙양洛陽은 중국의 옛 수도 이름인데 우리나라에서는 서울을 지칭하는 말로 사용하는 것은 잘못이라는 점을 구체적인 용례를 들어 설명하고 있습니다. 또 '마을'을 지칭하는 말로 쓰이는 '동洞'의 본뜻이 골짜기라는 사실을 들어 마을 안里中을 동내洞內로 말하는 것은 옳지 않다는 견해를 밝히고 있습니다. 또 과거에서 1등으로 급제한 사람을 가리키는 '장원'의 표기를 '壯元' 대신 '狀元'으로 해야 한다고 주장하는 등 당시 잘못 쓰이는 200여 개 어휘의 뜻을 바로잡으며 정확한 용례를 소개하고 있습니다.

『이담속찬』은 명나라 왕동궤王同軌가 쓴 『이담耳談』에 우리나라 속담을 덧붙여 만든 책입니다. 『이담속찬』에는 중국 속담 170여 개와 한국 속담 241개가 들어 있으며, 민간에서 유행하는 속담이 한자말로 정리되어 있습니다. 따라서 이 책은 민속과 우리말 연구에 소중한 자료입니다.

『이담속찬』에 '하룻밤을 자도 만리장성을 쌓는다'는 속담이 나옵니다. 그런데 뜻풀이가 우리가 지금 알고 있는 것과 차이가 있습니다. 지금은 남녀가 잠깐을 사귀어도 깊은 정을 쌓을 수 있다는 뜻으로 알고, 다들 그렇게 씁니다. 하지만 이 책에는 '비록 잠시 머문다 해도 마땅히 대비가 없어서는 안 된다'는 말이라고 풀이해 놓고 있습니다. 왜 이런 차이가 벌어졌을까요?

이 속담은 순조 때의 학자 조재삼이 쓴『송남잡지松南雜識』에도 나오는데, 그 책에는 이렇게 설명되어 있습니다.

> 지금은 남녀가 하룻밤을 자고 인연을 맺은 것을 두고 하는 말이다. 일본군이 우리나라에 쳐들어왔을 때 비록 단 하룻밤을 자고 가더라도 반드시 성을 쌓았다. 그때 쌓은 성이 산 위에 남아 있다. 적을 막기 위해서이다.

이 내용을 볼 때 임진왜란 당시에 일본군들이 우리나라에 쳐들어와서 산에 성을 쌓고 방비를 철저히 하는 것을 보고 만든 말인데, 전해지는 과정에서 잘못 바뀐 것으로 추정이 됩니다. 사실 하룻밤에 만 리에 이르는 성을 쌓는다는 설정 자체가 지나친 과장임을 생각해 보면,『송남잡지』의 설명이 마음에 와 닿습니다.

학자들에 따르면 처음에는 '하룻밤을 자도 만인蠻人은 성을 쌓는다'였던 것이 와전된 것이라고 합니다. 여기서 만인蠻人은 야만인, 즉 당시의 일본인을 가리키는 것으로 보면 되겠습니다. 일본은 예로부터 지역별로 영주가 자기 땅과 군사를 소유하고 서로 싸우느라 전쟁을 많이 치렀는데, 그러다 보니 적군의 침입에 대비하여 성을 쌓는 일을 중요하게 생각했던 모양입니다.

유비무환有備無患을 강조하던 말이 엉뚱하게도 남녀 간의 정분을 나타내는 말로 바뀌었으니, 그 격차가 매우 큽니다. 이렇듯 말은 처음에 만든 사람의 의도와 달리 언중言衆이 새롭게 바꾸어서 쓰는 경우도 흔합니다.

혹 떼러 갔다 혹 붙여 온다

자기의 부담을 덜려고 하다가 다른 일까지도 맡게 된 경우를 이를 때 '혹 떼러 갔다 혹 붙여 온다'는 속담을 씁니다. 워낙 널리 알려진 속담이고, 다음과 같은 이야기에서 비롯되었다는 것도 들어서 알고 있을 겁니다.

> 옛날에 볼에 커다란 혹이 달린 영감이 있었습니다. 이 혹부리 영감이 하루는 산에 갔다가 길을 잃고 헤매다 우연히 도깨비 소굴을 찾아들게 되었습니다. 무서움을 이기기 위해 노래를 불렀는데, 때마침 돌아온 도깨비들이 노래를 듣고 매우 잘한다며 어디서 노래가 나오느냐고 물었습니다. 당황한 혹부리 영감이 엉겁결에 혹에서 노래가 나온다고 했더니 도깨비가 혹을 떼 주면 금은보화를 주겠다고 했습니다. 그렇게 해서 영감은 혹을 떼 주고 금은보화를 잔뜩 얻어 왔습니다. 그 소문을 들은 이웃 마을의 다른 혹부리 영감이 자기도 금은보화를 얻을 욕심으로 도깨비 소굴을 찾아가 노래를 불렀습니다. 그러자 도깨비들이 지난번에 거짓말을 했다고 화를 내면서 처음의 혹부리 영감에게서 떼어 냈던 혹을 더 붙여 주었습니다.

그런데 이 이야기는 우리나라에서 예로부터 전해온 것이 아니라 일본의 대표적인 민담이라는 주장이 제기되고 있습니다. 우리나라에도 비슷한 이야기가 있긴 하지만, 착한 혹부리 영감이 혹을 떼 주고 금은보화를 얻어 왔다는 데서 끝나며, 욕심 많은 혹부리 영감은 등장하지 않는다고 합니다. 일제 강점기에 보통학교 교과서에 아무런 설명 없이 이 민담이 실리면서 우리나라의 전래 설화인 것처럼 잘못 알려지게 되었다는 겁니다. 조선인의 의식을 일본인의 의

식에 동화시키려는 의도에서 그랬다는 주장이 설득력 있게 다가옵니다.

그리고 이 민담에 나오는 '도깨비'는 일본에서 귀신을 가리키는 '오니'를 번역한 것이며, 오니와 우리나라의 도깨비는 생김새와 행동 방식이 판이하게 다르다고 합니다. 일본 민담을 교과서에 실으면서 일본의 요괴인 오니의 형상을 삽화로 사용하면서 우리나라 전통 도깨비의 형상마저도 왜곡하는 결과를 가져온 셈입니다. 도깨비라고 하면 흔히 머리에 뿔이 달린 형상을 떠올리는데, 뿔 달린 도깨비가 바로 오니의 모습입니다. 우리나라 도깨비는 뿔이 달리지 않았으며, 털북숭이의 형상이라는군요. 또한 우리 전통 도깨비는 사납거나 무서운 존재가 아니라 사람과 친숙한 존재로 등장하는 경우가 많다고 합니다.

이렇듯 아직도 떨쳐 내지 못한 일제 강점기의 유산이 우리 생활 곳곳에 남아 있습니다. 어린아이들이 많이 부르고, 당연히 우리 노래라고 알고 있는 〈아침 바람 찬바람에〉나 〈여우야 여우야〉, 〈우리 집에 왜 왔니〉 같은 동요가 실은 일본에서 들어온 것이라는 사실도 정확히 아는 사람이 많지 않은 형편입니다. 동화와 동요뿐만 아니라 다른 분야도 찾아보면 그런 경우가 많을 겁니다.

따라서 위 속담은 되도록 쓰지 않는 게 옳고, 어쩔 수 없이 쓴다 하더라도 그 유래만큼은 정확히 알고 있어야 할 것입니다.

지명과 관련한 속담

가자니 태산이요, 돌아서자니 숭산이라 / 경주 돌이면 다 옥돌인가 / 교천 부자가 눈 아래로 보인다 / 못된 바람은 수구문으로 들어온다 / 사내 못난 것은 북문에 가 호강 받는다 / 살갑기는 평양 나막신 / 샛강 물소리 멎을 때 북촌 마님 빈대떡 주무르듯 / 서천 소가 웃을 일 / 서천에 경 가지러 가는 사람은 가고 장가들 사람은 장가든다 / 송도 계원松都契員 / 송도 오이 장수 / 악박골 호랑이 선불 맞은 소리 / 종로에서 뺨 맞고 한강에서 눈 흘긴다 / 충주 자린고비 / 친구 따라 강남 간다 / 평안 감사도 저 싫으면 그만이다 / 평택이 무너지나 아산이 깨어지나 / 포천 소疏 까닭이란다 / 홍길동이 합천 해인사 털어먹듯 / 홍제원 인절미

가자니 태산이요, 돌아서자니 숭산이라

우리나라 속담에는 태산泰山이 등장하는 게 여럿 있습니다. 그중 갈수록 더욱 어려운 지경에 처하게 됨을 이르는 '갈수록 태산'이라는 속담이 가장 많이 알려져 있습니다. 비슷한 뜻으로 '가자니 태산이요, 돌아서자니 숭산이라'는 속담이 있는데, 앞에도 높은 산이고 뒤에도 높은 산이라는 뜻으로, 이러지도 저러지도 못할 난처한 지경에 처하게 됨을 이르는 말입니다.

그렇다면 태산이나 숭산은 도대체 얼마나 높은 산이기에 이런 속담들이 생겨났을까요? 두 산은 모두 우리나라가 아니라 중국에 있는 산 이름입니다. 중국에는 예로부터 명산으로 알려진 다섯 봉우리가 있는데, 이를 오악五岳이라 합니다.

우선 태산부터 어떤 산인지 알아보지요. 태산泰山은 중국어로 타이산이라고 하며, 오악 중 동쪽에 있다 하여 동악東岳이라고 합니다. 산둥성山東省 타이안泰安 북쪽에 있으며, 높이는 1,500미터가 조금 넘습니다. 우리나라 설악산보다도 낮으니 생각보다 높은 산은 아니지요. 타이산은 중국 사람들이 가장 신성하게 여기던 산으로 역대 황제들이 이곳에 와서 하늘에 제사를 지냈으며, 일반 백성도 이곳에 오를 때마다 10년씩 젊어진다고 믿어 누구나 한 번쯤 오르기를 바랄 정도였습니다. 그 때문에 이곳을 오르려는 순례자들의 발길로 인해 산 정상까지 난 7,412개나 되는 돌계단은 발길에 닳고 닳아 반질반질하다고 합니다. 또한 산세와 경관이 아름다워 유네스코 복합유산, 즉 세계문화유산과 세계자연유산으로 동시에 지정되기도 했습니다.

숭산嵩山은 중국말로 쑹산이라고 하며, 오악 중 가운데 있다 하여 중악中岳이라고 합니다. 허난성河南省 덩펑시登封市 북쪽에 있으며, 높이는 태산과 마찬가지로 1,500미터가 조금 넘습니다. 이곳 역시 유적과 사찰이 많으며, 선종禪宗의 시조 달마대사達磨大師가 면벽 9년의 좌선을 했던 곳으로 알려진 소림사, 즉 샤오린사少林寺가 있는 곳으로 유명합니다.

살펴본 것처럼 두 산의 봉우리는 그다지 높지 않습니다. 세상에는 해발 8,000미터가 넘는 산이 많고, 우리나라에도 북한에는 2,000미터가 넘는 산이 많은데, 하필이면 겨우 1,500미터가 넘는 산들을 끌어들여 넘기 힘든 곳으로 비유를 했을까요? 우선 태산泰山이라고 할 때 태泰 자가 '높다'는 뜻이 아니라 '크다'는 뜻임을 생각하면 될 듯합니다. 높은 산이라기보다는 크고 웅장한 산으로 해석하는 게 옳다는 것이지요. 한편 태산을 둘러싸고 있는 주변이 평지라서 유독 태산이 높아 보였을 거라는 얘기를 하기도 합니다. 그리고 태산이나 숭산을 중국에서 신성한 곳으로 받들다 보니 그러한 사실이 우리나라에까지 전해지면서 절로 경외심을 갖게 된 것도 하나의 이유가 될 듯합니다.

'갈수록 태산'이라는 속담은 '갈수록 수미산' 혹은 '갈수록 심산'이라고 표현하기도 합니다. 심산深山은 말 뜻 그대로 깊은 산이며, 수미산須彌山은 불교에서 세계의 중앙에 있다고 말하는 상상 속의 산입니다. 꼭대기에는 제석천이, 중턱에는 사천왕이 살고 있으며, 그 높이는 물 위로 팔만 유순由旬이고 물속으로 팔만 유순이며, 가로의 길이도 이와 같다고 합니다. 유순은 소달구지가 하루에 갈 수 있는 거리로 80리인 대유순, 60리인 중유순, 40리인 소유순의 세 가지가 있습니다. 그러니 높이와 길이가 얼마나 과장되어 있는지 알 만하지요. 수미산에 비하면 태산은 그야말로 명함도 못 내밀 수준인 거지요.

경주 돌이면 다 옥돌인가

옥돌 혹은 옥석이라 부르는 옥은 각섬석의 일종으로 재질이 치밀하고 단단하며 투명하게 빛납니다. 갈면 아름다운 광택이 나므로 주로 장신구나 공예품을 만드는 데 사용해 왔습니다. '섬섬옥수纖纖玉手'라는 말처럼 아름다운 손을 옥에 비유하고, '백옥 같은 피부'처럼 아름다움을 강조할 때 옥을 끌어들일 만큼 오랜 옛날부터 옥은 아름다운 광물이자 보석으로 사랑을 받았습니다.

옥과 관련된 속담이 여럿 있는데, 예를 들어 '옥에도 티가 있다'고 하면 나무랄 데 없이 훌륭하거나 좋은 것에 있는 사소한 흠을 이르는 말입니다. 그런데 이와 형태가 비슷하면서도 뜻은 정반대인 속담을 만들어 쓰기도 했습니다. '옥에는 티나 있지'라는 속담이 그것입니다. 옥에는 티가 있으나 그런 티조차 없는, 행실이 결백하여 흠이 없거나 완전무결함을 이르는 말입니다. 그리고 '옥도 갈아야 빛이 난다'는 속담은 아무리 소질이 좋아도 이것을 잘 닦고 기르지 않으면 훌륭한 것이 되지 못한다, 혹은 고생을 겪으며 노력을 기울여야 뜻한 바를 이룰 수 있다는 말입니다. '옥석도 닦아야 빛이 난다'고도 합니다.

우리나라에서 옥이 생산되는 지역은 여러 곳인데, 옛날에는 경주에서 나는 옥이 유명했던 모양입니다. 그래서 '경주 돌이면 다 옥돌인가'라는 속담이 생겨나기도 했습니다. 경주에서 나는 돌이라고 해서 모두 옥돌은 아니라는 뜻이니, 좋은 일 가운데 궂은일도 섞여 있다, 혹은 사물을 평가할 때 그것이 나는 곳이나 그 이름만을 가지고서 판단할 수 없다는 말입니다.

경주 옥돌로 만들었다는 불상이 지금도 많이 전해지는데, 그중에서도 직지사 천불전千佛殿에 있는 천 개의 불상이 유명합니다. 고려 초기에 경잠대사가 경주 남산에서 생산되는 옥돌로 16년간 만들었다는 이 불상들은 모두 표정이 다르다고 합니다. 이와 관련해서 재미있는 말이 전합니다. 이 불상들 중에 알몸의 동자상이 하나 있는데, 법당에 들어서자마자 이 불상을 발견하면 반드시 아들을 낳는다는 속설이 그것입니다.

대흥사 천불전에도 역시 경주 옥돌로 만든 천 개의 불상이 있습니다. 이들 불상은 경주 옥돌로 석공 열 명이 6년에 걸쳐 만들었는데, 배 세 척에 나누어 싣고 해남으로 오던 중 한 척이 풍랑을 만나 일본으로 흘러갔답니다. 일본 사람들이 배에 실린 불상들을 보고 절을 지어 모시려고 했더니, 꿈에 불상들이 나타나 자기들은 원래 해남 대둔사로 가는 길이므로 여기에 머물 수 없다고 하여 다시 대둔사로 돌아오게 되었다고 합니다. 이때 일본에 갔다 돌아온 불상 768구에는 어깨나 좌대 아래에 일日 자를 써 넣어 표시했다는 내용이 풍계대사가 쓴 『일본표해록日本漂海錄』에 적혀 있습니다.

국립국어원이 펴낸 『표준국어대사전』에는 '경주 돌이면 다 옥석인가'로 되어 있습니다. 하지만 오영진의 유명한 희곡 「시집가는 날」에서 맹 진사의 삼촌인 맹효원이 '경주 돌이면 다 옥돌이라더냐'고 하는 대사가 나오며, 사람들도 옥석보다 옥돌이라는 말을 많이 쓰고 있습니다. 사전을 만든 분들이 한자를 중시하는 경향이 있어서 그런지는 모르겠으나, 옥돌을 놔두고 굳이 옥석을 써야 하는 이유를 모르겠습니다. 말 자체로 보더라도 앞부분에 '경주 돌'이라고 되어 있으므로 뒤에도 '돌'로 운을 맞추는 것이 훨씬 자연스럽습니다.

교천 부자가 눈 아래로 보인다

'교천 부자가 눈 아래로 보인다'는 속담은 벼락부자가 호기를 부림을 이르는 말입니다. 이 속담에 나오는 '교천 부자'란 어느 집안을 가리키는 걸까요? 교천敎川은 경주 부근의 땅 이름을 말하며, 그곳에 최씨 성을 가진 부자가 살았다고 합니다. 흔히 '경주 교천의 최부자'라고 하면 부자의 대명사처럼 통했다고 하는군요.

흔히 부자는 삼대를 넘기기가 힘들다고 하는데, 이 최부잣집은 무려 300년간 부를 이어온 것으로도 유명합니다. 그럴 수 있었던 이유로 흔히 그 집안의 가훈을 꼽습니다. 그 가훈은 다음과 같습니다.

첫째, 과거를 보되, 진사 이상은 하지 말라

둘째, 재산은 만 석 이상 지니지 말라

셋째, 과객을 후하게 대접하라

넷째, 흉년기에는 땅을 사지 말라

다섯째, 며느리들은 시집온 후 3년 동안 무명옷을 입으라

여섯째, 사방 백 리 안에 굶어죽는 사람이 없게 하라

우리나라에서 부자들은 대체로 존경을 받지 못하는 게 사실입니다. 부자가 더 인색하게 굶을 빗대어 이르는 '부자가 더 무섭다'는 속담이나, 세 동네가 망해야 그 돈이 모여 부자 하나가 난다는 뜻으로 무슨 큰일을 하나 이루려면 많은 희생이 있게 됨을 빗대어 이르는 '부자 하나면 세 동네가 망한다'는 속담을 보아도 알 수 있지요. 부자일수록 베풀어야 하는데, 오히려 반대로 인색하기

짝이 없어 주변 사람들에게 원성을 사는 일이 많았고, 그런 현상은 지금도 마찬가지입니다.

그런데 위에 소개한 경주 최부잣집은 경우가 달랐던 것으로 보입니다. 벼슬 욕심도 내지 않았고, 지나치게 재산 불리기에 골몰하지도 않았습니다. 스스로 근검절약하는 모습을 보여줌과 동시에 가난한 이웃에게 베풀기를 주저하지 않았습니다. 이러한 태도가 인심을 잃지 않고 오래도록 부자로 살 수 있었던 비결이라고 할 때, 오늘날의 부자들이 새겨 두어야 할 덕목이 아닌가 합니다.

경주 최부잣집과 관련한 일화가 전해지는 건 많은데, 일일이 소개하지는 않겠습니다. 해방 이후에 대부분의 토지를 영남대학교의 전신인 대구대학에 기증함으로써 부자의 시기를 마감했다고 하며, 지금도 경주 인근에 가면 최부잣집과 관련한 유적이 남아 있다고 합니다.

교천 부자가 눈 아래로 보일 정도로 갑자기 부자가 되어 호기를 부린다면 그 재산이 과연 얼마나 오래갈까요? 흔히 벼락부자나 갑작부자 혹은 졸부猝富라고 하는 이들이 겸손하지 못하고 거들먹거리기만 한다면 경주 최부잣집처럼 오래 가산을 이어가지는 못할 겁니다. 부자일수록 근검절약은 물론 겸손한 마음과 이웃을 배려하는 태도를 지녀야 합니다. 우리 곁에 경주 교천의 최부자처럼 존경받는 부자가 많이 생기기를 바랍니다.

못된 바람은 수구문으로 들어온다

수구문은 서울에 있는 사소문四小門의 하나입니다. 사소문은 사대문四大門 사이에 있는 작은 문들인데, 북동쪽의 홍화문인 동소문, 남동쪽의 광희문인 남소문, 남서쪽의 소덕문인 서소문, 북서쪽의 창의문인 북소문을 이릅니다. 그중 수구문은 남동쪽에 있는 광희문光熙門을 달리 이르는 말입니다. 동대문과 남대문 사이에 자리 잡고 있습니다. 태조 5년인 1396년에 세웠으며, 본래는 외적들의 침입 때에 비상문의 역할을 하는 중요한 문이었으나, 조선시대 이래 좋지 않은 곳의 대명사로 불려 왔습니다. 그렇게 된 까닭은 이곳이 서소문과 함께 도성안의 시체를 밖으로 내가는 곳이었기 때문입니다,

수구문水口門이라는 이름은 문에서 멀지 않은 곳에 청계천의 물이 빠져나가는 곳이 있다 하여 그렇게 붙은 것인데, 시체를 성 밖으로 내보내던 곳이라 하여 시구문屍口門이라는 이름으로 부르기도 했습니다. 성안에 사는 사람들 중 장사를 치를 능력이 없는 가난한 사람이나 전염병이 들어 죽은 시신을 수구문 밖에 내다 버리는 풍습이 있었기 때문입니다. 그러니 수구문에 대한 사람들의 인식이 좋을 리 없지요. 갑신정변 때는 체포된 죄인들을 산 채로 수구문 밖으로 끌고 나가서 처형하는 일이 있었으며, 1907년에 일본이 대한제국의 군대를 해산하자 그에 맞서 일본군과 최후까지 싸우다 전사한 대한제국 군인들의 시체를 시구문 밖에 모아 두기도 했다고 합니다. 그만큼 역사의 아픔과 상처를 간직한 장소이기도 하지요.

수구문 밖에 시체를 내다 버리곤 했으니, 수구문을 통해 들어오는 바람에는 당연히 썩은 시체 냄새가 배어 있었을 겁니다. 냄새 중에 가장 고약한 냄새를 꼽으라면 필시 시체가 썩는 냄새를 꼽을 겁니다. 그런 지독한 악취를 좋아할

사람은 없을 테니, 수구문 밖에서 바람이 불어오면 다들 코를 막고 돌아섰겠지요. 그래서 '못된 바람은 수구문으로 들어온다'는 속담은 궂은일이나 실패한 일의 책임은 자기에게만 돌아온다고 항변할 때 쓰는 말이 되었습니다.

수구문과 관련해서 '수구문 차례'라는 말도 있습니다. 이 말은 두 가지 뜻을 지니고 있습니다. 우선, 수구문은 시체가 나가는 곳이므로 늙고 병들어 죽을 때가 가까움을 이르는 말로 쓰입니다. 말 그대로 죽어 수구문으로 나갈 차례가 되었다는 뜻이지요. 다른 뜻으로는 여럿이 둘러앉아 술 마실 때에 술잔이 나이 많은 사람에게 먼저 돌아감을 우스갯소리로 이르는 말입니다. 나이가 많은 사람일수록 수구문으로 나갈 날이 멀지 않았다는 뜻이지요. 우스갯소리라고는 해도 듣는 사람에게 썩 좋은 느낌으로 다가가지는 않았을 겁니다. 어떤 뜻으로 쓰이건 간에 듣기 거북한 말임에는 틀림없습니다.

이제는 수구문 밖으로 시체를 내보내는 일도 없어졌으니, 수구문이나 시구문이라는 말 대신 광희문이라는 제대로 된 이름으로 불러주는 것이 좋겠습니다. 애초에는 광명光明을 뜻하는 좋은 이름을 지어줬는데 하필이면 가장 아름답지 못한 곳으로 이름이 났으니, 이런 걸 아이러니라고 하는 걸까요? 지금 서 있는 광희문은 1975년에 서울 성곽들을 옛 모습으로 복원할 때 새로 세운 것입니다.

사내 못난 것은 북문에 가 호강받는다

조선 후기에, 아무리 못난 사내라도 서울의 북쪽에 있는 숙정문에만 가면 많은 부녀자로부터 추파를 받고 환대를 받았음을 이르는 말로, '사내 못난 것은 북문에 가 호강받는다'는 속담이 있습니다.

사대문 중 북대문에 해당하는 북문은 처음에 숙청문肅淸門이었는데, 그 후 이름이 바뀌어 지금은 숙정문肅靖門이 공식 명칭입니다. 종로구 삼청동의 북악산 동쪽 고갯마루에 있으며, 지금 있는 문은 1976년에 복원을 한 것입니다. 다른 대문들과는 달리 산이 있는 험준한 곳에 세운 까닭에 드나드는 사람이 적어 처음부터 대문의 구실을 제대로 하지 못했으며, 그래서 남대문이나 동대문처럼 '북대문'으로 불리지 못한 것으로 보입니다. 더구나 1413년 풍수지리학자 최양선崔揚善이 숙정문이 지맥을 손상시킨다는 내용의 상소를 올렸습니다. 창의문과 숙정문이 경복궁의 양팔에 해당하므로 여기에 문을 내어서는 안 된다는 게 상소의 요지였습니다. 이 상소에 따라 숙정문을 폐쇄한 다음 길에 소나무를 심어 사람들의 통행을 금지했습니다.

그렇게 방치하다시피 했지만, 간혹 문을 열 때도 있었습니다. 북쪽은 음양오행 가운데 음陰에 해당하기 때문에 나라에 가뭄이 들 때는 숙정문을 열고 양陽에 해당하는 남대문을 닫아 두었습니다. 양陽의 기운을 억제하고 음의 기운을 불어넣음으로써 비가 내리도록 하겠다는 것이지요.

한편 속설에는, 숙정문이 음에 해당하는 위치에 있는 문이기 때문에 이 문을 열어 놓으면 음기가 들어와 성안의 여자들이 음란해질 것을 염려하여 문을 닫아 두었다는 이야기도 전합니다. 그리고 부녀자들 사이에서 북문을 세 번 다녀오면 그해의 액운이 없어진다는 속설이 퍼져 이곳에 부녀자들의 출입이 잦았다는 이야기도 있고, 나라에서 해마다 정월이면 사흘 동안 북문 나들이를 허용했다고도 합니다. 이때 많은 부녀자들이 치장을 하고 북문에 모여들었으며, 여자들이 많이 모이니 자연히 호기심 많은 건달패나 한량들도 모여들었을 법합니다.

위 속담은 이러한 속설을 뒷받침해 주고 있습니다. 어떠한 이유가 되었건 북문에 여자들이 많이 모인 것은 사실인 듯하고, 그러다 보니 자연의 이치에 따라 남녀가 한데 어울리기도 했던 모양입니다. 조선시대에 아무리 유교질서가 엄격했다 해도 남녀 간의 어울림을 철저히 막을 수는 없었을 것이고, 어느 곳에선가는 숨통을 터 주어야 했을 겁니다. 아니, 백성들 스스로 숨통을 찾아 나서고, 지배층은 알면서도 묵인하는 형태였을 것으로 짐작해 볼 수도 있습니다.

북문에 여자들이 많이 모인다는 사실을 전해 듣고 혹시나 하는 마음으로 북문 근처를 배회하며 기웃거리던 그 당시 남정네들의 모습이 그려집니다. 개중에는 장가 못 간 노총각이나 누가 보아도 못난 사내도 있었겠지요. 그래도 설레는 마음을 안고 북문을 찾아들던 남정네들을 떠올리면 사람 살이란 게 예나 지금이나 별반 다를 게 없다는 생각을 하게 됩니다.

살갑기는 평양 나막신

나막신은 나무를 파서 만든 신으로, 앞뒤에 높은 굽이 있어 비가 오는 날이나 땅이 진 곳에서 신었습니다. 나막신은 신분이나 나이에 구별 없이 널리 신기는 했으나 무겁고 활동하기에 불편하여 먼 길을 갈 때나 말을 탈 때는 신지 않았다고 합니다. 그리고 나막신을 신으면 걷는 태도가 오만하고 불순하게 보인다고 하여 천민이나 어린아이는 어른 앞에서 신지 못하게 하기도 했습니다.

나막신이 등장하는 속담은 여럿이 있는데, 그중 '살갑기는 평양 나막신'이라는 속담에는 두 가지 뜻이 담겨 있습니다. 우선, 신기에 편안한 평양 나막신처럼 붙임성이 있고 사근사근한 사람을 빗대어 이를 때 씁니다. 이런 풀이는 쉽게 다가오지요. 그런데 이 속담이 몸은 작은데 음식은 남보다 더 많이 먹는 사람을 비웃는 말로 쓰인다는 얘기를 들으면 고개를 갸웃하게 될지도 모릅니다. 왜 이런 뜻을 지니게 되었는지를 알려면 평양 지방에서 생산되는 나막신은 안쪽이 넓었기 때문이라는 사실과, '살갑다'는 낱말의 뜻을 알고 있어야 합니다. '살갑다'를 『표준국어대사전』에서 찾아보면 다음과 같은 풀이가 나옵니다.

① 집이나 세간 따위가 겉으로 보기보다는 속이 너르다.

② 마음씨가 부드럽고 상냥하다.

③ 닿는 느낌 같은 것이 가볍고 부드럽다.

④ 물건 따위에 정이 들다.

사람들은 대부분 ②번의 뜻만 알고 있으나, ①번의 풀이처럼 속이 너른 상태를 뜻하기도 한다는 걸 알 수 있습니다. 따라서 위 속담은 '평양 나막신처럼 속이 넓은 사람'이라고 풀이할 수 있으며, 몸은 작은데도 음식은 많이 먹는 사람을 가리키게 된 까닭을 짐작할 수 있습니다.

이번에는 다른 속담을 살펴보겠습니다. '연못골 나막신을 신긴다'는 속담인데, 면전에 있는 사람을 치켜세움을 이르는 말입니다. 이 속담의 풀이도 말 자체만으로는 언뜻 이해하기가 쉽지 않습니다. 옛날에 연못골이라는 곳에서 생산된 나막신이 품질이 좋아 사람들에게 인기가 많았다는 사실을 전해 들으면 그제야 고개를 끄덕이게 될 겁니다. 속된 말로 '비행기를 태운다'처럼 쓰이는 말이라고 하겠습니다.

연못골은 지금의 연지동을 가리키는 옛 이름으로, 종로 5가 근처에 있던 마을을 가리킵니다. 그곳에는 천민이 많이 모여 살았는데, 특히 나막신을 만들어 파는 이들이 많았다고 합니다. 그래서 서울 지방에서 전해오는 민요 〈건드렁타령〉에 '연못골 처녀는 나막신 장사로 나간다지/ 홀태 나막신 코 매기며 통 나막신을 사시래요'라는 가사가 나오기도 합니다. 홀태 나막신은 좁은 나막신을, 통 나막신은 나무를 잘라서 잇대지 않고 통으로 파내어 만든 나막신을 말합니다.

이제 연못골이라는 이름도 사라지고 나막신은 박물관에서나 찾아볼 수 있으나, 속담 공부를 하면서 젊은 처녀가 나막신 묶음을 들고 사람들에게 팔러 나서던 옛 서울의 풍경 하나를 살며시 떠올릴 수는 있을 겁니다.

샛강 물소리 멎을 때 북촌 마님 빈대떡 주무르듯

굉장히 바쁜 모양을 빗대어 이를 때 '샛강 물소리 멎을 때 북촌 마님 빈대떡 주무르듯'이라는 속담을 씁니다.

북촌北村은 조선시대부터 청계천을 기준으로 그 북쪽에 있는 마을을 가리키던 이름으로 경복궁과 창덕궁, 종묘의 사이에 자리 잡은 지역을 말합니다. 주로 높은 관직에 있는 양반들이 모여 살던 곳으로 멋진 한옥이 많은 고급 주거지였습니다. 지금도 원서동, 재동, 계동, 가회동, 인사동을 중심으로 전통 한옥이 남아 있어 옛 정취를 느끼려는 뭇 사람들의 발길이 이어지고 있습니다.

샛강은 본래 큰 강의 줄기에서 한 줄기가 갈려 나가 중간에 섬을 이루고, 하류에 가서는 다시 본래의 큰 강에 합쳐지는 강을 뜻하는 말입니다. 여의도를 끼고 돌아가는 샛강이 대표적이라고 하겠습니다. 그렇다면 위 속담에 나오는 샛강은 어디를 말하는 걸까요? 북촌에서 물소리가 들릴 정도의 거리에 있어야 하는데, 쉽게 짐작하기가 어렵습니다. 북촌과 한강은 제법 멀리 떨어져 있어 한강에서 직접 갈라져 나온 샛강이라고 하기에는 무리가 따릅니다. 그렇다면 생각해 볼 수 있는 게 청계천입니다. 북악산과 인왕산, 남산 등으로 둘러싸인 서울 분지의 모든 물이 청계천에 모여 동쪽으로 흐르다가 왕십리 밖 살곶이다리 근처에서 중랑천中浪川과 합쳐 서쪽으로 흐름을 바꾸어 한강으로 빠집니다. 청계천은 한강의 지류 중 하나라고 하겠는데, 이 청계천을 샛강으로 지칭한 게 아닌가 하는 생각을 해 볼 수 있습니다. 다른 하나는 북한산과 인왕산에서 흘러나온 물줄기 여러 개가 북촌지역을 돌아 나갔는데, 이 하천들을 가리킨 것인지도 모르겠습니다. 이에 대해서는 더 깊은 연구가 따라야 하겠습니다.

예로부터 청계천 다리 밑에는 많은 하층민들이 움막을 치고 모여 살았는데, 이규태의 「청계천 고사故事」라는 글에 다음과 같은 내용이 나옵니다.

> 청계천의 수표교는 수위를 재는 수척水尺이 세워져서 유명한 것뿐만은 아니다. 지금은 서울의 홈리스homeless들이 파고다공원과 서울역 지하전철에 모이지만 옛날 홈리스들은 바로 이 수표교 아래로 모였었다. 굶주리며 노숙하고 있는 홈리스들을 위해 성안 명가名家들의 적선 행차가 잇달았었다.
>
> "북촌 여흥 민씨 적선이요!", "광통방 천녕 현씨의 적선이요!" 외치며 빈자떡 실은 수레를 끌고 와 떡을 수표교 아래로 던져 주었다. 그럼 이 떡을 받아 허기를 메운다 하야 수표교를 빈자떡 다리 또는 적선 다리라고도 했다.

'샛강 물소리 멎을 때'는 날이 밝은 아침을 말합니다. 밤에는 작은 소리도 멀리 퍼져 나가지만 사람이 활동하는 시간이 되면 작은 소리는 생활의 소리에 묻히기 마련이니까요. 북촌의 양반댁 마님들이 아침 일찍 일어나 청계천 다리 밑에 사는 불쌍한 이들을 먹이려고 빈자떡, 즉 빈대떡을 만드느라 분주한 모습을 담은 속담이 바로 위 속담이라고 하겠습니다.

서천 소가 웃을 일

어이없는 말을 듣거나 그런 상황에 맞닥뜨렸을 때 흔히 '서천 소가 웃을 일'이라는 속담을 씁니다. 일상생활에서는 제법 많이 쓰는 말인데도 대부분의 사전에는 올라 있지 않습니다. 사전에 오르지 못한 이유를 정확히는 모르겠으나 '서천'에 대한 해석에 자신이 없어서 그런 게 아닌가 하는 짐작을 해 봅니다.

서천이라고 하면 우선 충청남도에 있는 '서천'이라는 지명을 떠올리게 됩니다. 하지만 서천 사람들에게 물어보아도 '서천 소가 웃을 일'이라는 속담이 자신들의 고장과 관련 있다는 얘기를 들어 보지 못했다고 합니다. 그렇다면 두 번째로 떠올려 볼 수 있는 게 서천서역국, 즉 인도입니다. 실제로 인도는 소를 떠받드는 나라이므로 어떤 연관성이 있지 않을까 싶기도 합니다. 하지만 '서천 소'가 '인도의 소'를 뜻한다는 근거를 뚜렷하게 찾기가 어렵습니다.

그러다가 우연히 경상남도 진주 지방에서 '섭천 소가 웃을 일'이라는 속담을 쓰고 있다는 걸 알게 되었습니다. 한자대로 풀이하면 '내를 건너다'라는 뜻이 되는 '섭천涉川'은 남강 건너 망진산 기슭의 마을을 가리키던 지명으로, 현재 망경동 일대를 가리킵니다. 조선시대에 이곳 섭천에 소나 돼지를 잡는 백정들이 모여 살았다고 합니다. 당연히 그곳에 도축장도 있었겠지요. 그러다가 고종 임금이 즉위하면서 거주 이전의 자유를 허용하자 백정들이 자신의 경제력에 따라 진주성 이곳저곳으로 옮겨 가 살기 시작한 탓에 지금은 흔적이 사라졌다는군요. 지금 그곳에 사는 사람들 중에는 섭천이 백정들의 거주지였다는 사실에 대해 결코 그런 적이 없다는 견해를 밝히는 사람도 있지만, 경남 진양 출신으로 장편소설 『백정』을 쓴 소설가 정동주는 자신이 조사한 바에 따르면 그곳에 백정들이 거주했었다는 건 틀림없는 사실이라고 주장을 합니다. 1923

년부터 백정들이 '형평사'를 조직해서 자신들의 신분해방운동을 펼친 형평운동이 진주에서 일어났다는 사실로 미루어 볼 때 정동주의 주장에 타당성이 있어 보입니다.

섭천에 있는 도축장으로 끌려온 소들은 모두 백정의 손에 죽임을 당해야 하는 운명에 처해 있었습니다. 그런 비참한 처지에 빠진 소가 웃을 정도로 어이없는 일이라는 데서 '섭천 소가 웃을 일'이라는 속담이 생겼다고 합니다.

'섭천 소가 웃을 일'이라는 속담이 진주 지역을 벗어나 다른 고장으로 퍼지면서 '서천 소가 웃을 일'로 변형된 게 아닐까 하는 짐작을 조심스럽게 해 봅니다. 그럴 개연성이 높긴 하지만, 확실하게 단정 짓기도 쉽지 않습니다. 변형 경로를 밝혀 줄 만한 문헌자료가 없고, 그에 관해 국어학자들이 연구한 성과물이 나온 적도 없기 때문입니다. 나중에라도 명확한 고증에 따른 연구가 진행되기를 바랍니다. 그리고 당장 뚜렷한 연구 성과가 나오기 힘들다면 어원이 불투명한 대로 국어사전에 뜻풀이라도 정확히 해서 올렸으면 합니다. 이미 죽어버린 속담이 아니라 지금도 많은 사람들이 사용하는 속담이기 때문입니다.

서천에 경 가지러 가는 사람은 가고 장가들 사람은 장가든다

중국 명나라 때 오승은이 지은 『서유기西遊記』는 『삼국지』, 『수호지』, 『금병매』와 더불어 중국 4대 기서四大奇書 가운데 하나로, 예로부터 우리나라에서도 널리 읽혔습니다. 작품에 나오는 삼장법사와 손오공, 저팔계, 사오정은 누구에게나 친숙한 이름이며, 지금도 계속 동화나 만화의 주인공으로 등장하여 어린아이의 상상력을 채워 주고 있습니다.

『서유기』의 줄거리는 널리 알려진 것처럼 당나라 황제의 명을 받아 삼장법사가 인도로 불경을 가지러 가는 이야기입니다. 가는 도중에 만난 손오공과 저팔계, 사오정을 제자로 삼아 온갖 고난을 물리치고 마침내 목적을 달성하게 되지요. 이 이야기는 실제로 7세기경에 당나라의 현장법사가 북인도에 가서 대승불교의 경전을 가지고 왔다는 역사의 사실에 바탕을 두고 있으나, 소설은 기괴하고도 환상적인 요소들을 끌어들여 수많은 독자를 사로잡았습니다.

『서유기』에서 비롯된 속담에 '서천에 경 가지러 가는 사람은 가고 장가들 사람은 장가든다'는 게 있습니다. 서로 같은 목적으로 동행하다가 갑자기 변하여 각자 자기 좋은 대로 행동하는 경우를 빗대어 이르는 말입니다. 서천은 서천서역국을 말하며, 지금의 인도를 가리키던 옛 이름이라는 사실을 떠올리면 속담의 유래를 쉽게 짐작할 수 있습니다.

위 속담과 관련된 대목은 다음과 같습니다.

> 삼장법사 일행이 서천으로 가던 중에 서량국이라는 나라에 당도했는데, 이 나라는 여인국으로 남자라곤 한 명도 없는 나라였습니다. 이 나라의 여왕이 삼장법사에게 반해 혼인을 청하게 됩니다. 부처의 제자로서 당연히 거절을 할 수

밖에 없었으나, 그렇게 되면 통행허가증을 얻을 수 없겠기에 일단 허락을 하게 됩니다. 삼장법사는 자신이 남아서 혼인을 할 테니 손오공과 저팔계, 사오정에게 통행허가증을 내주어 서천으로 갈 수 있게 해 달라고 여왕에게 요청을 하고, 여왕은 흔쾌히 허락을 합니다. 혼인식을 마친 다음 저팔계의 요청에 의해 축하연이 벌어지게 되고, 저팔계는 작은 술잔을 치우며 큰 술잔으로 빨리 마시고 가자고 합니다. 옆에서 사오정이 많은 음식을 놔두고 왜 그리 서두냐고 하자 저팔계가 이렇게 말합니다.

"옛말에 활 만들 사람은 활 만들고 화살 만들 사람은 화살을 만든다고 했다. 우리도 장가갈 사람은 장가가고, 시집갈 사람은 시집가고, 경을 가지러 갈 사람은 경을 가지러 가고, 떠날 사람은 떠나야 하는 법이다. 여기서 술을 탐하다가 큰일을 그르치면 안 된다."

그 이후 세 사람은 삼장법사까지 구출한 다음 서천으로 불경을 가지러 갑니다.

위에서 저팔계가 사오정에게 한 말을 따서 '서천에 경 가지러 가는 사람은 가고 장가들 사람은 장가든다'는 속담을 만든 것입니다. 『서유기』가 그만큼 널리 읽혔다는 사실을 알려 주는 속담이지요.

송도 계원 松都契員

조선시대의 인물인 한명회에게는 늘 권모술수에 능한 책략가라든지 권력 지향의 간신배라는 식의 부정적인 평가가 따라다닙니다. 수양대군의 편에 서서 단종을 몰아내고, 사육신의 단종 복위 시도를 막아내는 과정에서 수많은 정적을 죽음으로 이끌었기 때문입니다. 하지만 세조의 입장에서 보면 누구보다도 충직한 신하였기에 한명회는 줄곧 출세가도를 달릴 수 있었습니다. 도승지를 거쳐 영의정까지 지냈으며, 두 딸을 예종과 성종에게 시집보내 왕비로 만들기도 했습니다. 그러니 당대에 한명회의 권세는 누구도 넘보지 못했으며, 가히 나는 새도 떨어뜨릴 만하다고 했습니다.

그런데 한명회가 처음부터 권력의 중심에 있었던 것은 아닙니다. 한명회는 조선 개국 때 명나라에 가서 '조선'이라는 국호를 받아서 돌아온 한상질의 손자로, 명문가 출생이긴 했으나 칠삭둥이로 태어난 데다 어려서 부모를 잃어 작은할아버지 밑에서 자라야 했습니다. 어린 시절을 불우하게 보낸 그는 정계 진출에 대한 욕망은 강했으나 번번이 과거에 낙방하여 뜻을 이루지 못했습니다. 그러다 38세에 겨우 경덕궁직敬德宮直이라는 말단 지방 관리가 됩니다. 경덕궁은 태조 이성계가 왕위에 오르기 전에 살던 집으로, 왕위에 오른 뒤 크게 고친 다음 궁으로 봉해졌습니다. 경덕궁직은 개성에 있는 이 경덕궁을 지키는, 한마디로 말해 궁지기에 불과한 하찮은 자리입니다.

한명회가 궁지기로 지낼 때, 명절을 맞아 개성부의 관원들이 만월대滿月臺에 모여 주연을 베푼 적이 있습니다. 한창 분위기가 무르익자 대부분 서울 출신으로 지방인 개성에 내려와 벼슬을 하던 이들끼리 앞으로 계契를 만들어 서로 잘 지내보자는 약조를 했습니다. 이에 한명회도 계원이 되고 싶다고 청했

으나 말단 관리라는 이
유로 무시하고 끼워 주지
않았습니다. 얼마 후 한명회가
권람이라는 친구를 통해 수양대군
과 연을 맺게 되고, 이후 승승장구하자 그제야 계원들이 한명회를 받아들여 친분을 쌓아 두지 못한 것을 후회했다고 합니다.

이 이야기는 이덕형李德泂이 지은 『죽창한화竹窓閑話』에 실려 있으며, 여기에서 비롯된 속담이 '송도 계원松都契員'입니다. 낮은 지위나 작은 세력을 믿고 남을 멸시하는 사람을 빗대어 이르는 말로 쓰입니다.

한명회는 정계를 은퇴한 다음 한가로이 지내기 위해 한강변 남쪽 경치 좋은 곳에 정자를 지었습니다. 갈매기와 더불어 노닌다는 뜻의 이 정자 이름이 압구정狎鷗亭이며, 동시에 한명회의 호이기도 했습니다. 그런 역사를 아는지 모르는지 지금의 압구정 거리는 대한민국 자본주의의 최첨단을 자랑하는 패션으로 넘쳐나고 있습니다.

마지막으로 한 가지 역사적 사실을 덧붙이자면, 1487년에 73세의 일기로 사망한 한명회는 1504년(연산군 10년) 갑자사화 때 연산군의 생모 윤씨의 죽음에 관련되었다는 이유로 부관참시剖棺斬屍(죽은 뒤에 큰 죄가 드러난 사람에게 내리던 극형으로, 무덤을 파고 관을 꺼내어 시체를 베거나 목을 잘라 거리에 내걸었음)되는 수모를 겪습니다. 역사의 섭리가 냉엄하다는 사실을 엿볼 수 있는 일화입니다.

송도 오이 장수

유교를 받들던 조선시대에는 사농공상士農工商이라는 순서로 직업의 서열을 나누었습니다. 그래서 옛날에는 장사하는 사람을 '장사치'나 '장사꾼'이라고 낮추어 부르는 일이 많았지요. 장사를 하는 사람과 관련된 말을 찾아보면, 잘나고 똑똑한 사람보다는 대체로 못나고 어리석은 사람을 가리킬 때 쓰는 경우가 많음을 알 수 있습니다.

대표적인 몇 가지를 살펴보도록 하겠습니다.

'청기와 장수'는 비법이나 기술 따위를 자기만 알고 남에게는 알려 주지 않는 사람을 비유해서 쓰는 말입니다. 옛날에 어떤 사람이 청기와 굽는 법을 알아냈으나 이익을 혼자 차지할 생각으로 어느 누구에게도 그 방법을 알려 주지 않아 후세에 전해지지 않았다는 이야기에서 비롯되었습니다. '독장수 셈'은 실현 가능성이 없는 허황된 계산을 하거나 헛수고로 애만 씀을 이르는 말입니다. 옛날에 독을 파는 장수가 길에서 독을 쓰고 자다가, 꿈에 큰 부자가 되어 좋아서 뛰는 바람에 꿈을 깨고 보니 자신이 쓰고 자던 독이 깨졌더라는 이야기가 함께 전해집니다.

이 밖에도 재미있는 말이 많습니다. 남의 은밀한 일을 캐내어 말을 퍼뜨리고 말썽을 일으키는 사람을 일러 '배장수'라고 하는데, 이 말은 중국의 고전소설 『수호전』에서 비롯되었습니다. 『수호전』의 여자주인공 반금련의 일에 배를 파는 장수가 간섭하고 다녔다 하여 생긴 말입니다. '잘못을 저지르고 어디론지 자취를 감춘 사람'을 일러 '앵두장수'라고 합니다. 이 말 역시 재미있는 유래가 있을 듯하나, 안타깝게도 전해지는 자료가 없어서 확인할 길이 없습니다.

이번에는 '송도 오이 장수'라는 속담을 살펴볼까요? '이익을 더 많이 보려다가 그만 기회를 놓쳐 헛수고만 하고 오히려 낭패를 보게 된 사람'을 비유해서 이르는 말이지요. 이 속담도 역시 재미있는 유래가 있습니다. 송도는 지금의 개성으로, 고려시대의 수도입니다. 송도에 살던 오이 장수가 서울의 오이 시세가 올랐다는 말을 듣고 오이를 한 배 가득 사서 싣고 서울로 갔지만 그 사이에 서울의 오이 시세가 떨어져서 낙담을 했습니다. 누군가 의주의 오이 시세가 좋다고 하는 말을 듣고 다시 의주로 향했는데 이번에도 의주에 도착하니 값이 떨어졌고, 결국 오이를 싣고 다시 송도로 돌아올 수밖에 없었다고 합니다. 그러는 사이에 오이가 모두 곯아서 쓸모가 없게 되었다는군요. 결국 남의 말에 이끌려 다니다 돈을 벌기는커녕 잔뜩 손해만 보게 된 셈입니다.

이와 관련하여 '듣보기장사 애 말라 죽는다'는 속담도 알아 두면 좋겠습니다. 한군데 터를 잡고 하는 장사가 아니라 시세를 듣보아 가며 요행을 바라고 하는 장사를 '듣보기장사'라고 합니다. 여기저기 뜨내기로 시세를 알아 가며 요행수를 바라고 돌아다니던 듣보기장사가 시세가 맞지 않아 이익을 볼 수 없게 되어 매우 애를 태운다는 뜻으로, 요행수를 바라다가 몹시 애를 태우는 것을 비유해서 이르는 말입니다.

예나 지금이나 우리 주변에는 요행을 바라는 사람들이 많습니다. 하지만 요행수라는 게 누구에게나 그리 쉽게 찾아오는 것이 아닐뿐더러, 설령 그렇게 해서 잠시 이득을 보았다 하더라도 언제까지나 요행이 이어지는 것은 아닙니다. 그러니 장사를 하더라도 송도 오이 장수나 듣보기 장수처럼 귀가 얇아서는 안 되겠지요. 어떤 일을 하든 정도를 걷는 게 느리지만 확실한 길이라는 평범한 진리를 다시 한 번 생각하게 됩니다.

악박골 호랑이 선불 맞은 소리

악박골은 지금의 서대문구 현저동 일대를 가리키던 옛 이름으로, 인왕산과 안산 자락 사이에 난 무악재 아래에 있는 골짜기입니다. 옛날에는 약수가 유명했으며, 지금은 독립문과 서대문형무소 등 역사 유적을 찾는 사람들의 발길이 많이 이어집니다.

이곳은 한양으로 들어오는 서쪽 관문이기도 했는데, 여기까지 호랑이가 출몰했던 모양입니다. 이곳에 호랑이가 나타나면 도성 사람들이 불안에 떨 수밖에 없으므로 포수를 풀어 잡아야 했을 겁니다. 그런데 포수가 총을 쏘았는데 총알이 비껴 맞으면 호랑이가 고통을 참지 못해 길길이 날뛰었겠지요. 그래서 '악박골 호랑이 선불 맞은 소리'라는 속담은 상종 못 할 정도로 사납고 무섭게 내지르는 소리를 빗대어 이르는 말로 쓰입니다. 옛날에는 총을 쏘는 것을 '불질을 한다'고 했으며, 총에 맞는 것을 '불을 맞다'라고 했습니다. 그리고 '선불'은 급소에 바로 맞지 않은 총알이라는 뜻입니다. 선불이라는 말과 관련해서 '선불 맞은 노루 모양'이라는 속담도 있는데, 선불을 맞아 혼이 난 노루처럼 당황하여 마구 날뛰는 모양을 빗대어 이르는 말입니다.

악박골은 인왕산 자락 아래에 있으므로 악박골 호랑이나 인왕산 호랑이는 같은 지역에 살던 호랑이라고 하겠습니다. 인왕산에 호랑이가 나타났다는 기록은 여러 군데서 보입니다. 설화 중에 강감찬 장군이 인왕산 호랑이를 몰아냈다는 이야기가 널리 전하는데, 대체로 다음과 같은 내용입니다.

강감찬이 귀주에서 거란군을 격파하고 한양 판관으로 부임했을 때, 한양 부윤으로부터 한양에 호랑이가 자주 나타난다는 이야기를 듣고 아전을 시켜 도성 밖 바위에 앉아 있는 늙은 중을 데려오라 시킵니다. 영문을 몰라 어리둥절해하는 한양 부윤 앞에서 강감찬이 늙은 중에게 명령을 하자 본 모습인 호랑이로 변합니다. 강감찬이 호랑이에게 무리를 이끌고 사라지지 않으면 모두 활을 쏘아 죽이겠다고 호통을 치자 그 호랑이가 바로 무리를 이끌고 사라졌으며, 이후 당분간 한양에 호랑이가 나타나지 않았다고 합니다.

강감찬을 영웅으로 떠받들기 위해 꾸며낸 이야기일지라도 한양까지 호랑이들이 나타났다는 것은 분명해 보입니다. 인왕산이 비록 높지는 않으나 바위로 이루어져 있고 산세가 험해서 호랑이 같은 맹수가 자주 드나들었던 모양입니다. 그래서 무악재를 넘을 때는 호랑이를 피하기 위해 반드시 많은 사람들이 무리를 이루어 넘었다고 합니다.

'인왕산 모르는 호랑이가 있나'라는 속담이 있는데, 자기를 모르는 사람이 있을 수 없음을 이르는 말 혹은 그 방면에 속하는 사람이라면 누구나 잘 아는 사실이라는 말로 쓰입니다. 그리고 몹시 무서운 대상을 일러 '인왕산 호랑이'라는 관용어를 쓰기도 합니다.

지금이야 인왕산이나 악박골은커녕 우리나라 전역에서 호랑이를 찾을 수 없으니, 호환虎患에 떨 염려는 없지만 어쩐지 아쉽고 허전한 느낌이 들기도 합니다. 가끔 깊은 산중에서 호랑이 발자국을 발견했다는 사람이 나타나기는 하지만 실물로 확인된 사실은 없으니, 우리나라 산중에는 이제 호랑이가 살지 않는 게 확실해 보입니다.

종로에서 뺨 맞고 한강에서 눈 흘긴다

욕을 당한 자리에서는 아무 말도 못 하고 뒤에 가서 불평하거나 엉뚱한 데 가서 화를 풀 때 흔히 '종로에서 뺨 맞고 한강에서 눈 흘긴다'는 속담을 씁니다. 뜻을 더 강하게 표현할 때는 '종로에서 뺨 맞고 한강에서 화풀이한다'고도 하지요. 그런데 왜 하필 종로와 한강을 끌어들였을까요? 다른 장소도 얼마든지 있을 텐데요. 이 속담을 이해하기 위해서는 조선시대의 상업에 대한 지식을 동원해야 합니다.

조선 초에 종로에는 육의전이라는 시전市廛이 있었습니다. 나라의 허가를 받아서 비단, 무명, 종이, 명주, 모시, 어물 등을 판매하던 상점입니다. 시전의 상인들은 나라의 허가를 받았다는 이유로 물품 판매를 독점하면서 허가 없이 불법으로 난전亂廛을 벌이는 다른 상인들이나 물건을 사러 오는 일반 백성들에게 대단히 위세를 부렸습니다. 당시에 조정에서 세금 수입을 늘릴 목적으로 시전 상인들에게 난전을 단속할 수 있는 금난전권禁難廛權을 부여했기 때문입니다.

반면 한강의 마포나 노량진, 서강 같은 나루터 부근에는 물길을 이용해 전국의 물물이 모여들던 곳이므로 자연스레 비공식적인 시장, 즉 난전이 형성되어 있었습니다. 난전은 불법이지만 백성들의 편의를 위해 조정에서도 적당히 눈감아 주곤 했습니다. 그러다가도 시전 상인들을 보호하기 위해, 그리고 수상한 물건의 암거래나 지나친 난전의 성장을 막기 위해 가끔씩 단속을 나가기도 했습니다. 단속 방법은 요즈음 노점상 단속하는 방식과 크게 다르지 않았던 듯합니다. 그래서 마구 단속하여 닥치는 대로 물건을 압수함을 빗대어 이르는 '난전 치듯'이라는 속담과, 몹시 급하게 마구 몰아쳐서 당하는 사람이 정신을 못 차림을 이르는 '난전 몰리듯'이라는 속담이 생겨나기도 했습니다. 난전을 펼치는 사람들도 어쩔 수 없이 먹고살자고 하는 일일 텐데, 시전 상인들에게 밀려 서러움을 톡톡히 당하고 살아야 했음을 알 수 있습니다.

'종로에서 뺨 맞고 한강에서 눈 흘긴다'는 속담은 이러한 조선시대의 상거래 풍속에서 비롯된 듯합니다. 즉 위세 높은 종로 시전 상인에게 홍정을 벌이다 봉변을 당해도 아무 소리 못 하다가 한강 변에 있는 난전 상인에게 가서는 반대로 큰소리를 치거나 화를 푼다고 해서 만든 속담이라는 거지요. 같은 뜻을 지닌 속담으로 '영營에서 뺨 맞고 집에 와서 계집 찬다'는 게 있습니다. 영이란 '영문營門'을 말하며, 병영을 지키는 병사에게 뺨을 맞고 나서 그 화풀이를 집에 있는 자기 부인에게 한다는 말이니, 참으로 못난 인간이나 하는 행위라고 하겠습니다.

종로 이야기가 나온 김에 속담 하나를 더 소개하면 '종로 깍쟁이 각 집집 앞으로 다니면서 밥술이나 빌어먹듯'이라는 게 있습니다. 이 집 저 집 돌아다니면서 문전걸식하는 모양을 빗대어 이르는 말입니다. 깍쟁이라는 말을 지금은 이기적이고 인색한 사람, 혹은 얄미울 정도로 약빠른 사람을 가리키는 말로 씁니다. 하지만 깍쟁이는 본래 청계천 등지에서 토굴이나 움막 생활을 하며 구걸을 해서 먹고살던 사람들을 가리키던 말입니다.

'종로 제기'라는 말도 알아 두면 좋겠군요. 이는 두 사람이 마주 보고 서로 받아 차는 제기를 말합니다. 예전에 종로 상인들이 겨울에 추위를 잊기 위하여 흔히 가게 앞에서 제기를 찼던 데서 유래한 말입니다.

충주 자린고비

평소에 돈을 잘 안 쓰고 인색한 사람을 일러 구두쇠라고 합니다. 줄여서 구두라고도 하는데, 그 밖에 굳짜, 굳짜배기, 수전노 등으로 부르고 속된 말로는 구리귀신-鬼神, 짠돌이, 노랑이라고도 하지요. 〈고바우 영감〉이라는 만화로 유명한 '고바우'라는 말도 인색한 사람을 낮추어 이르는 말입니다. '자린고비'라는 말도 그런 말입니다. 사전에는 '다라울 정도로 인색한 사람을 낮잡아 이르는 말'이라고 풀이해 놓았습니다. '다랍다'는 '때나 찌꺼기 따위가 있어 조금 지저분하다' 혹은 '언행이 순수하지 못하거나 조금 인색하다'는 뜻입니다.

구두쇠를 등장시킨 옛이야기는 매우 많습니다. 조기 한 마리를 천장에 매달아 놓고 반찬 대신 그걸 바라보며 밥을 먹었다는 이야기나, 생선 장수에게 생선은 사지 않고 손으로 주물럭거리기만 한 다음 그 손을 씻은 물로 생선국을 끓여 먹었다는 이야기 등이 널리 알려져 있습니다. 그런 이야기 가운데 속담으로 굳어져서 전해내려 오는 말이 '충주 자린고비' 혹은 '충주 결은 고비'입니다. 속담 풀이에는, 충주의 어느 부호가 돌아가신 부모의 제사 때에 쓴 지방紙榜을 때마다 불살라 버리는 게 아깝다 하여 기름으로 결어서 해마다 제사 때면 꺼내 썼다는 이야기에서 나왔다고 합니다. 종잇조각 하나도 아까워할 만큼 인색했다는 얘기지요. 더구나 부모를 모시는 제사에 쓰던 지방은 그 자리에서 태우는 게 관습인데, 그마저도 재활용을 해서 쓴다는 건 효와 제사를 강조하던 사회 분위기에서 용납하기 힘든 일이었을 겁니다. 그런 껄끄러운 시선마저도 아랑곳하지 않았을 정도니 구두쇠 중에서도 으뜸이라 할 만하겠습니다.

'고비'는 돌아가신 아버지考와 어머니妣를 가리키는 말로, 지방에 쓰던 문구에 두 글자가 들어갑니다. 그리고 '결은'이라는 말은 기본형이 '겯다'이며, '기름 따위가 흠씬 배다'의 뜻을 지니고 있습니다. '결은'이 쓰인 낱말에 '결은신'이 있습니다. 물이 새지 않게 하려고 기름을 발라 흠씬 배게 한 가죽신을 말합니다. 그러므로 '자린고비'는 '결은 고비'가 변해서 된 말로 볼 수 있겠지요. '결은 고비'는 속담 안에서만 쓰이는 반면 '자린고비'는 독립된 낱말로 쓰이고 있습니다.

같은 뜻을 지닌 속담에 '충주 달래 꼽재기 같다'는 말이 있습니다. 충주에 가면 달래강이라는 작은 강이 있는데, 충주의 달래강 근처에 사는 꼽재기라는 뜻으로 만든 속담인 듯합니다. '꼽재기'는 때나 먼지 따위와 같은 작고 더러운 물건 혹은 아니꼬울 만큼 잘고 인색한 사람을 비유해서 이르는 말로, 새알처럼 작다고 해서 '새알꼽재기'라고도 합니다. 이 속담을 보면 '충주 자린고비'라는 속담의 주인공이 살았던 곳이 달래강이 있는 근처가 아닐까 하는 추측이 들기도 합니다.

지나치게 낭비하는 것보다 절약을 하며 사는 것이 바람직한 것은 두말할 나위가 없습니다. 하지만 무엇이든지 지나치면 모자람만 못하다는 말이 있듯이, 어느 정도의 선을 지키며 사는 것 또한 지혜로운 삶의 방편일 것입니다. 자린고비의 정신은 본받되, 속담의 일화에 나오는 인물까지 본받지는 말아야겠지요.

친구 따라 강남 간다

인생에서 친구는 매우 소중합니다. 항상 내 곁을 지키고 이해해 주는 친구가 있다는 것은 커다란 기쁨이지요. 그만큼 소중한 존재이다 보니, 항상 친구와 가까이 지내고 싶고 그의 부탁이라면 무엇이든 들어 주고 싶습니다. 특히 '친구는 옛 친구가 좋고 옷은 새 옷이 좋다'는 속담이 보여 주듯 오래 사귄 친구일수록 정이 두텁고 깊어지기 마련입니다.

친구를 끌어들여 만든 대표적인 속담이 '친구 따라 강남 간다'입니다. 친구를 따라서는 아무리 먼 길이라도 간다는 뜻이니, 이 속담만큼 친구 사이의 친한 정도를 나타내는 말도 없겠지요. 그런데 이 속담은 사전에 '자기는 하고 싶지 않으나 남에게 끌려 하게 된다'는 뜻으로 올라 있습니다. 처음의 뜻이 세월이 지나면서 지금과 같은 뜻으로 바뀐 것으로 보입니다.

한편 이 속담은 본래 '동무 따라 강남 간다'였습니다. 그러다가 '동무'라는 말을 북한에서 많이 쓰기 시작하면서 남한에서는 잘 안 쓰게 되었고, 덩달아 속담에서도 '동무' 대신 '친구'라는 말을 쓰게 되었습니다. '벗 따라 강남 간다'고도 하는데, '벗' 역시 한자말인 친구親舊에 밀려 잘 쓰지 않는 말이 되고 말았습니다.

그런데 이 속담에 나오는 '강남'은 대체 어디를 말하는 걸까요? 서울의 한강 남쪽에 있는 '강남'을 말하는 걸까요? 서울의 '강남'은 1970년대 이후에 개발된 곳으로, 그전에는 '강남'이라는 말을 흔하게 쓰지 않았습니다. 그러니 속담에 나오는 '강남'이 '한강 남쪽'은 아니겠지요. 여기에 나오는 '강남'은 중국의 양쯔 강 남쪽을 가리킵니다. '봄이 되니 강남 갔던 제비가 돌아온다'고 할 때의 강남도 역시 마찬가지고요. 제비가 날이 추워지면 서울의 강남으로 가서 겨울을 보내는 모양이라고 생각했던 사람은 설마 없겠지요.

말이 나온 김에 '제비는 작아도 강남 간다'는 속담도 함께 살펴봅시다. 이 말은 비록 몸집은 작은 제비일지라도 머나먼 강남까지 간다는 말입니다. 작은 몸집의 제비가 저 멀리 중국의 양쯔 강 남쪽까지 가려면 얼마나 힘이 들겠습니까? 그래서 '비록 모양은 작아도 제 할 일은 다 한다'는 뜻으로 씁니다. 같은 뜻으로 '제비는 작아도 알만 낳는다', 혹은 '뱁새는 작아도 알만 잘 낳는다'는 속담을 쓰기도 합니다.

'강남'과 관련된 말 몇 가지를 더 살펴볼까요? 흔히 말하는 '강낭콩'은 본래 '강남콩(강남+콩)'으로 쓰던 말이 점차 소리가 변해서 '강낭콩'이 된 것입니다. 이런 유래를 살펴볼 때 강낭콩은 중국에서 우리나라로 건너온 곡물이라는 걸 알 수 있습니다. 옥수수를 다른 말로 '강냉이'라고도 하지요? 여기에도 역시 중국의 강남 지방에서 건너왔다는 뜻이 담겨 있습니다.

예부터 우리나라와 지리적으로 가까운 중국은 서로 왕래가 잦았고, 중국의 문물도 많이 들어왔습니다. 그리고 그 흔적이 우리가 쓰는 말에도 많이 남아 있습니다. 당나귀, 당닭, 당면 같은 낱말에 들어 있는 '당唐'은 중국의 당나라를 가리키고, 호주머니, 호떡 등의 낱말 앞에 붙은 '호胡' 역시 중국을 가리키는 말입니다.

평안 감사도 저 싫으면 그만이다

아무리 좋은 일이라도 당사자의 마음이 내키지 않으면 억지로 시킬 수 없음을 비유해서 이를 때 '평양 감사도 저 싫으면 그만이다'라는 속담을 흔히 씁니다. 그런데 여기서 '평양 감사'는 잘못된 표현이고, '평안 감사'라고 해야 맞습니다. 평양 감사가 입에 붙어서 너도나도 평양 감사라고 하는데, 이는 조선 시대의 직제를 잘 모르기 때문입니다.

감사는 흔히 관찰사라고 부르는 직책이었는데, 지금의 도지사에 해당한다고 보면 됩니다. 조선시대에는 8도가 있었고, 각 도에 관찰사를 파견했습니다. 그러므로 전라 감사, 함경 감사 하듯이 평안 감사라고 해야 맞는 표현이 되는 것이지요. 평안 감사가 머무르던 감영이 평양에 있었던 탓에 평안 감사 대신 평양 감사라는 말이 잘못 퍼진 것으로 보입니다. 조선시대에 평양은 전국에서 다섯 군데에 있던 도호부 중 하나였고, 평양을 맡아보던 수령의 직책은 종3품의 품계를 지닌 도호부사였습니다. 반면 평안 감사는 그보다 높은 종2품이었습니다.

전국 팔도에 감사가 두루 있었지만 유독 평안 감사가 사람들 입에 많이 오르내립니다. 『옥단춘전』이나 『이춘풍전』 같은 고전소설에 평안 감사가 등장할 뿐만 아니라 누구나 부러워하는 출세의 대명사로 평안 감사를 내세우곤 합니다. 그래서 '평안 감사도 저 싫으면 그만이다'라는 속담까지 나온 것이지요.

평안 감사 자리가 그만큼 사람들에게 선망의 대상이었고 좋은 점이 많았다는 얘긴데, 어떤 점에서 그렇게 사람들의 마음을 사로잡은 걸까요? 예쁜 기생이 많았기 때문이 아니겠느냐는 대답도 많을 것 같습니다. 평안 감사 못지않게 사람들 입에 많이 오르내리는 게 평양 기생이니까요. 남남북녀라는 말이 있듯이 평양 기생 하면 그 이름만으로도 조선 사내들의 마음을 흔들어 놓았던 모양입니다. 평양 기생에게 빠져서 신세를 망친 남자들의 이야기를 쉽게 들을 수 있는 것으로 보아 전혀 근거 없는 추측은 아닌 듯합니다. 하지만 이것만 가지고는 충분한 설명이 되지 못합니다.

정확한 정설이 있는 것은 아니지만 그럴듯한 몇 가지 이유를 들어 보면 다음과 같습니다. 우선 평안도가 중국과 맞닿아 있는 전략적 요충지라서 다른 지역보다 평안 감사의 위상이 높았다는 것을 들 수 있습니다. 또한 중국과 무역을 하는 상인들이 거쳐 가는 곳이므로 그들을 통해 귀한 물건을 얻거나 각종 수수료를 챙길 수도 있었다는군요. 그리고 평양 일대가 대동강을 낀 평야지대라 농산물이 풍부했고, 변방지역이라는 이유로 중앙정부에 내는 세금도 적었기 때문에 평안 감사가 마음만 먹으면 재임 중에 많은 재산을 모을 수 있었다고 합니다. 그 밖에도 몇 가지 이유가 더 있을 수 있겠지만 이 모든 것이 합쳐져서 평안 감사에 대한 선호도가 높았던 게 아닌가 합니다. 그중에서도 고려의 도읍지였던 평양이 한양 다음으로 중요한 곳이라서 평안 감사를 거치면 더 높은 자리로 갈 수 있었기 때문이라는 이유가 가장 크게 작용하지 않았을까 싶습니다. 조선시대의 양반들은 재물보다는 입신양명, 즉 높은 관직에 올라 이름을 떨치는 것을 더 중요한 가치로 여겼으니까요.

평택이 무너지나 아산이 깨어지나

'평택이 무너지나 아산이 깨어지나'라는 속담은 두 가지 뜻이 있습니다. 양쪽의 힘과 기세가 서로 비슷함을 이르거나, 서로 싸울 때 끝까지 겨루어 보자고 벼르며 이를 때 쓰는 말입니다.

이 속담은 조선 말기에 우리나라에서 일어난 청일전쟁을 배경으로 하여 생겨났습니다. 1894년에 농민군이 갑오농민전쟁을 일으켜서 전주성을 함락시키는 등 대단한 기세로 밀고 올라오자 다급해진 조선 정부는 청나라에 군대를 요청합니다. 알다시피 갑오농민전쟁은 지배계층의 수탈에 못 이긴 농민들이 새로운 세상을 만들어 보겠다고 떨쳐 일어선 싸움입니다. 하지만 지배계층은 반성은커녕 외세를 끌어들여 동족을 진압하는 일에만 골몰했던 것이지요. 결국 예치차오葉志超가 이끄는 청나라 군사 2,400여 명이 아산만에 상륙을 합니다. 그러자 일찍부터 조선을 차지할 욕심을 부리던 일본이 청나라에게 주도권을 빼앗길까 봐 자신들도 군대를 파견합니다. 그렇게 해서 아산에는 청나라 군대가, 평택에는 일본 군대가 진을 치게 되었습니다.

일본이 군대를 파견하자 이에 놀란 조선 정부는 농민군이 모두 진압되었다는 이유를 내세워 청·일 두 나라에 대해 동시 철군을 요구합니다. 하지만 일본군은 갑오농민전쟁이 아직 끝나지 않았다는 것과 조선의 내정개혁內政改革을 구실로 철수를 거부했습니다. 조선 정부는 일본군이 철수한 후에 내정 개혁을 실시하겠다고 했으나, 일본군은 무력으로 경복궁을 점령하고 흥선대원군을 앞세운 친일 정권을 수립했습니다. 그런 뒤에 아산만 풍도 앞바다에서 청나라 군대에게 공격을 시작했습니다. 청일전쟁이 시작된 것입니다. 우세한 군사력을 앞세운 일본군에 밀린 청나라 군대는 패퇴했고, 이후 평택 부근인

성환과 평양에서 다시 충돌했으나 역시 청나라가 지고 말았습니다. 결국 청일전쟁에서 승리한 일본은 동아시아에서 확고한 힘의 우위를 확보하게 되었고, 조선과 중국을 본격적으로 침략하고 수탈할 수 있는 기반을 마련했습니다. 반면 조선은 갑오농민전쟁이 일본군에 의해 무력으로 진압당함으로써 새로운 세상을 건설하기 위한 자주적인 노력이 좌절되었으며, 일본 및 제국주의 열강의 수탈 대상으로 전락할 수밖에 없었습니다.

우리나라 땅에서 외국 군대가 서로 싸우는 것을 그저 지켜보아야 했던 조선 민중은 자신들의 처지가 얼마나 한스럽고 서글펐을까요? 평택(일본군)이 깨어지든 아산(청군)이 무너지든 조선 민중에게 돌아올 것은 아무것도 없었고, 오히려 전쟁에서 이긴 둘 중 하나가 우리를 지배하게 되리라는 사실만이 분명했으니, 참으로 부끄럽고 통탄스러웠을 겁니다. 이렇듯 미래가 암울하다 보니 자포자기하는 심정으로 '평택이 깨어지나 아산이 무너지나' 결판이 날 때까지 너희들끼리 끝까지 한번 싸워 보라고 했겠지요. 생각할수록 서럽고 부끄러운 역사가 배어 있는 속담이라고 하겠습니다.

'백두산이 무너지나 동해수가 메어지나'라는 속담도 있습니다. 앞의 속담보다 조금 더 거창한 비유를 끌어들였지만 쓰임새는 같은 말입니다.

포천 소疏 까닭이란다

남의 물음에 어물어물 얼버무리며 슬쩍 넘어가는 경우를 이르는 말에 '포천 소疏 까닭이란다'고 하는 속담이 있습니다. 이 속담의 유래에 대해 다음과 같이 우스운 이야기가 널리 퍼져 있습니다.

옛날 포천군 소흘면 송우리에는 우시장牛市場이 크게 섰습니다. 어느 날 두 사돈이 소시장에 소를 팔러 왔다가 우연히 만났습니다. 두 사돈은 반가운 마음에 소를 팔 생각은 하지 않고 주막으로 들어가서 술을 마시기 시작했습니다. 해가 지고 밤이 이슥하도록 술을 마시다가 흠뻑 취한 채로 헤어지게 되었는데, 날은 어둡고 술에 취한지라, 서로 소를 바꿔 탄 줄도 모르고 그 소가 가는 대로만 갔습니다.

상대방의 집에서 자고 이튿날 아침에 깨어난 두 사돈은 창피한 마음에 서둘러 자신들의 집으로 향했습니다. 그러다 길 중간에 다시 만난 두 사돈은 겸연쩍은 마음에 서로 이렇게 말을 했습니다.

"사돈. 이런 큰 실수를 했소. 하지만 이건 오로지 소를 잘못 바꿔 탄 까닭이니, 과히 허물하지 마시오."

"아무렴요! 우리가 소를 바꿔 타지 않았더라면 이런 일이 있었겠소. 에이, 이 모두가 소 까닭이오. 소 까닭."

그런 일이 있은 뒤로 포천 일대에는 '소 까닭'이라는 말이 떠돌게 되었답니다.

이 이야기는 『포천군지抱川郡誌』에도 실려 있지만, 이로부터 위 속담이 나온 것은 아닙니다. 속담에 맞추어 나중에 누군가가 우스개 이야기를 지어낸 것이 퍼져서 마치 이 속담의 유래담인 것처럼 잘못 알려지게 된 것이지요.

이 속담의 유래는 조선 고종 때의 유학자인 최익현 때문에 생겨났다고 보는 것이 정설입니다. 최익현은 포천 사람으로, 그가 조정에 하도 상소를 올려서 나랏일이 바뀌는 경우가 많았는데, 사람들이 어떠한 까닭에 변경되었는가를 물으면 포천에서 올린 상소 때문이라고 대답했다고 합니다. 이로부터 위 속담이 비롯되었다는 거지요.

최익현은 1868년에 경복궁 중건과 그에 따른 당백전當百錢 발행에 따르는 재정의 파탄 등을 들어 흥선대원군興宣大院君의 실정失政을 상소하여 사간원의 탄핵을 받아 관직에서 쫓겨났으며, 이후에도 서원 철폐 등 대원군의 정책을 비판하는 상소를 여러 차례 올렸습니다. 그런 이유로 제주도와 흑산도까지 유배를 가기도 했던 그는 1905년 을사조약이 체결되자 「창의토적소倡義討賊疏」를 올려 의거의 심경을 토로하고 마침내 의병을 일으켰으나 패한 다음 일본군에게 잡혀 쓰시마 섬對馬島에 유배되었습니다. 그곳에서 적이 주는 음식을 받아먹을 수 없다 하여 끝내 굶어죽었을 만큼 강직한 성품으로 유명합니다.

홍길동이 합천 해인사 털어먹듯

홍길동은 조선 성종과 연산군 무렵에 실존한 도적 이름입니다. 『조선왕조실록』에도 이름이 여러 차례 나오는 것으로 보아 당시에는 꽤 유명한 도적이었던 모양입니다. 그래서 실학자 이익은 홍길동과 임꺽정, 장길산을 조선의 3대 도적으로 꼽기도 했으며, 허균의 『홍길동전』은 실존인물인 홍길동을 모델로 삼아서 지은 작품이라는 것이 대체적인 의견입니다.

『홍길동전』의 줄거리는 워낙 유명한지라 따로 설명이 필요 없을 겁니다. 다만 '홍길동이 합천 해인사 털어먹듯'이라는 속담과 관련한 부분만 소개를 하면 다음과 같습니다. 이 속담은 무엇을 아무것도 남기지 않고 싹싹 쓸어가거나 음식을 조금도 남기지 않고 다 먹는 모양을 빗대어 이르는 말입니다.

홍길동은 서자라는 신분으로 인해 입신양명의 꿈을 이룰 길이 없자 집을 떠납니다. 그러다 우연히 산중에서 도적의 소굴을 발견하고, 거기서 그들의 우두머리가 됩니다. 얼마 후 그들이 합천 해인사의 재물을 탈취하고 싶은데 마땅한 지략이 없다고 하자 홍길동이 해인사를 털 계책을 세웁니다. 그러고는 해인사에 들러 홍판서댁 자제라고 자신을 소개한 다음 쌀 20석을 보내겠다고 합니다. 그 후 홍길동이 다시 해인사를 찾아 음식을 대접받는 자리에서 몰래 모래를 입안에 넣고 큰 소리로 깨물어 소동을 일으킵니다. 그런 다음 음식을 부정하게 만들었다는 트집을 잡아 절 안의 중들을 모두 묶어 놓고는 부하들 수백 명이 달려들어 모든 재물을 빼앗아 옵니다. 이 사건은 홍길동이 도적이 되어 벌인 최초의 약탈 사건입니다. 그 후 활빈당이라는 이름을 만들어 함경 감영을 터는 등 본격적인 의적 활동을 벌입니다.

그런데 왜 하필이면 해인사를 털었을까요? 의적이라면 마땅히 부잣집이나 관가의 창고를 털어야 했을 텐데요. 지은이는 소설 속에서 반드시 해인사를 털어야 하는 이유를 설명하고 있지 않습니다. 해인사의 스님들이 백성을 괴롭혔다거나 부정하게 재물을 모아서 쌓아 놓았다거나 하는 내용이 나오지 않습니다. 그러니 상식적인 판단을 가지고 짐작만 해 볼 도리밖에 없습니다. 그런 의미에서 생각할 수 있는 것은 대부분의 절이 상당한 토지를 갖고 있다는 사실입니다. 절이 규모가 클수록 소유한 땅도 많겠지요. 당연히 절 아랫동네에 사는 사람들은 절의 땅을 빌려서 부쳐 먹을 수밖에 없었을 테고요. 이를테면 절이 대지주에 해당하는 셈이며, 백성들 사이에 이에 대한 곱지 않은 시선이 퍼져 있었을 겁니다. 이렇게 생각한다면 홍길동의 무리가 해인사의 재물을 탈취한 이유가 설명이 됩니다.

『홍길동전』이 지금도 고전으로 자리 잡고 있는 것은 신분제의 모순을 적극적으로 드러냈다는 점과 함께 홍길동을 단순한 도적이 아니라 의적으로 묘사했기 때문일 겁니다. 하지만 아무리 홍길동이 의적이라고 해도 그런 의적조차 필요 없는 사회가 바람직한 사회겠지요.

홍제원 인절미

홍제원弘濟院은 서울시 홍제동에 있었던 원으로, 원래는 홍제원洪濟院이었습니다. 원院은 역과 역 사이에 두어, 공무를 보는 벼슬아치들이 묵어 갈 수 있도록 한 공공여관의 성격을 띤 건물입니다. 이태원, 장호원, 사리원 등의 지명은 이런 원이 설치되어 있던 곳이라고 보면 되겠습니다. 그중에서 홍제원은 중국의 사신들이 서울 성안에 들어오기 전에 임시로 묵던 공관公館으로, 1895년(고종 32년)까지 건물이 남아 있었습니다. 의주로 향하는 길목 중 도성과 가장 가까운 곳에 있었기 때문에 중국 사신들이 머물며 마지막으로 휴식을 취하고 예복을 갈아입는 등 성안으로 들어오기 위한 준비를 갖추던 곳이었고, 중국으로 가는 우리 사신들이 환송 나온 사람들과 작별하는 곳이기도 했습니다.

'홍제원 인절미'라는 속담은 성질이 몹시 차진 사람을 빗대어 이르는 말인데, 이 속담으로 미루어 홍제원 근처에 떡집이 많았음을 짐작할 수 있습니다. 그것은 중국으로 가는 사신들의 왕래가 잦았기 때문입니다. 조선시대에는 명나라에 1년에 네댓 차례는 사신을 보내곤 했는데, 한번 사신을 보낼 때마다 거기 딸린 관졸이며 가마꾼 등으로 인해 사절단 인원이 무척 많았습니다. 그들이 홍제원에 이르러 쉬어 갈 때 벼슬아치들을 제외한 아랫사람들이 마땅히 휴식을 취할 만한 공간이 없다는 불만이 생기면서 홍제원 일대에 주막거리가 형성되었습니다. 그런데 술을 좋아하는 사람은 주막에서 술을 마시면 되지만 술을 좋아하지 않는 사람들도 있기 마련이므로, 그런 이들을 위해 떡을 만들어 파는 곳도 생겨났습니다. 그중에서도 특히 인절미가 유명하다 하여 '홍제원 인절미' 하면 누구나 알아주었다고 합니다.

서울 지방에서 불리던 옛 노래인 「장대장 타령」에 '여보 홍제원 인절미가 눅기가 사발로 퍼 먹도록 눅다더니 이렇게 단단하여 못 먹겠으니 내가 다녀올 때까지 푹 물렸다가 주게나'라는 대목이 나옵니다. 홍제원 인절미와 관련해서 다른 이야기도 몇몇 전하는데, 그중 하나만 소개합니다.

집안에서 책만 읽던 어느 가난한 선비가 아내의 등쌀에 못 이겨 장사를 하기로 마음먹었습니다. 아내가 빌려온 돈을 들고 무슨 장사를 하면 좋을까를 생각하며 이리저리 돌아다니다가 홍제원에 이르렀을 때 배가 고파 엽전 한 푼을 주고 인절미 한 개를 사 먹었습니다. 그런데 임진 나루터에 오니 엽전 한 푼에 인절미가 두 개였고, 강을 건너니 세 개, 황해도 배천 다리 근처에 가니 네 개를 주는 것이었습니다. 옳다구나 하고 무릎을 친 선비는 배천 다리 근처에서 있는 돈을 모두 털어 싼 인절미를 잔뜩 샀습니다. 홍제원에 가서 비싸게 팔 작정으로 길을 떠난 지 사흘 만에 친구를 만났습니다. 친구에게 돈을 크게 벌게 되었다며 자랑을 하다 떡 맛이나 보자는 친구의 말에 보따리를 풀었더니, 마침 한여름이라 떡이 모두 쉰내가 나고 굳어서 돈만 날렸다고 합니다.

홍제원 인절미가 유명하다는 것을 알 수 있는 동시에 장사도 아무나 하는 게 아님을 일깨워 주는 이야기라고 하겠습니다.

역사와 관련한 속담

강태공의 곧은 낚시질 / 경점 치고 문지른다 / 경주인 집에 똥 누러 갔다가 잡혀간다 / 구렁이 제 몸 추듯 / 남산골샌님이 역적 바라듯 / 내 일 바빠 한댁 방아 / 동방삭이 인절미 먹듯 / 뜨겁기는 박태보朴泰輔가 살았을라고 / 만수산에 구름 모이듯 / 맹상군의 호백구 믿듯 / 묻지 말라 갑자생 / 사명당의 사첫방 같다 / 성은 피가라도 옥관자 맛에 다닌다 / 소장의 혀 / 여든에 능참봉을 하니 한 달에 거둥이 스물아홉 번이라 / 예황제 부럽지 않다 / 입이 걸기가 사복개천 같다 / 조조는 웃다 망한다 / 죽은 석숭보다 산 돼지가 낫다 / 칠년대한에 비 안 오는 날 없고 구년장마에 볕 안 드는 날이 없었다

강태공의 곧은 낚시질

강태공의 본명은 강상姜尙입니다. 평생을 가난하게 살다 뒤늦은 나이에 중국 주나라 문왕文王의 부름을 받아 그의 스승이 되었고, 무왕武王을 도와 상商나라 주왕紂王을 멸망시켜 천하를 평정했으며, 그 공으로 제齊나라에 봉함을 받아 그 시조가 되었습니다. 강태공은 병법가로 널리 알려져 있으며 병서兵書인 『육도六韜』를 남겼다고 합니다. 강태공과 관련해서 전설이 여러 가지 전해오는데, 그중에서도 무왕의 부름을 받기 전까지 웨이수이 강渭水에서 낚시질을 하며 세월을 보냈다는 이야기가 널리 알려져 있습니다. 그래서 낚시를 좋아하는 사람을 속칭하여 '강태공'이라고 일컫기도 합니다.

이때 강태공이 쓴 낚싯바늘은 휘어진 것이 아니라 곧은 것으로, 물고기를 낚기 위한 것이 아니라 그저 낚싯대만 드리우고 자신이 포부를 펼칠 때를 기다리고 있었다는 식으로 이야기를 합니다. 그래서 '강태공의 곧은 낚시질'이라는 속담은 큰 뜻을 품고 때가 오기를 기다리며 한가한 나날을 보내는 것을 빗대어 이르는 말로 쓰입니다. 같은 뜻을 지닌 속담으로 '강태공 위수 변에 주문왕 기다리듯'이라는 말이 있으며, '강태공이 세월 낚듯 한다'는 속담은 무슨 일을 매우 더디고 느리게 함을 빗대어 이르는 말입니다.

그런데 강태공은 정말 낚시를 하면서 물고기를 전혀 낚지 않았을까요? 곧은 낚시 바늘을 썼다고 해서 그렇게 해석을 하지만, 실은 옛날에는 곧은 바늘을 낚시 도구로 널리 썼다고 합니다. 엄연히 물고기를 낚기 위한 바늘이었다는 거지요. 곧은 낚시란 굽거나 휘지 않은 바늘의 양 끝을 날카롭게 간 다음 중간에 낚싯줄을 묶어서 드리우는 방식인데, 물고기가 이를 삼키면 양 끝이 살에 박히면서 좀처럼 빠져나가지 못했다고 합니다. 옛날 책인 이시진의 『본초강목本草綱目』이나 서유구의 『난호어목지蘭湖漁牧志』에 보면 학꽁치의 뾰족한 주둥이 뼈를 낚싯바늘로 이용했다는 기록이 나옵니다. 학꽁치는 꽁치와 생김새가 비슷하나 주둥이가 뾰족하여 침어鱵魚라고도 부릅니다. 이 학꽁치의 주둥이 뼈가 곧은 바늘인 셈입니다. 학꽁치를 다른 말로 강공어姜公魚라고도 하는데, 강태공이 이 물고기의 주둥이 뼈로 낚싯바늘을 만들었다고 하여 붙은 이름입니다. 이를 통해 보더라도 강태공이 물고기 낚는 일에는 관심이 없었다는 것은 잘못 알려진 이야기라는 걸 알 수 있습니다. 오히려 오랜 세월 낚시를 즐겼으니 낚시의 전문가라고 보는 게 더 옳을지도 모르겠습니다.

한편 한자말로 '궁팔십 달팔십窮八十達八十'이라는 게 있습니다. 이 말은 강태공이 80년을 가난하게 살았으나 무왕을 만난 이후 80년은 호화롭게 살았다고 해서 나온 말입니다. 따로 떼어 내서 '궁팔십'은 가난하게 사는 삶을 이르는 말로, '달팔십'은 호화롭게 사는 삶을 이르는 말로 각각 쓰입니다. 그렇게 따지면 강태공이 160년을 살았다는 이야기인데, 아무래도 믿기 어렵지요. 후세 사람들이 강태공을 전설적인 인물로 추켜세우는 과정에서 다분히 과장이 섞여든 말이라고 보아야겠습니다.

궁팔십을 달리 전팔십前八十, 선팔십先八十, 상팔십上八十 등으로 일컫기도 합니다. 그리고 이로부터 '상팔십이 내 팔자'라는 속담이 만들어지기도 했습니다. 이 속담은 강태공이 가난했던 처음 80년 동안과 같다는 뜻으로, 가난이 팔자임을 이를 때 쓰는 말입니다.

경점 치고 문지른다

조선시대에는 시간을 나누고 부르는 방식이 지금과 달랐습니다. 12지十二支의 명칭을 따서 자시子時(밤 11~1시)부터 해시亥時(밤 9~11시)까지 열둘로 나누어 부르는 게 일반적이었고, 그중에 밤 시간은 따로 초경初更(오후 7~9시)부터 오경五更(새벽 3~5시)으로 나누어 부르기도 했습니다. 각각의 경은 두 시간에 해당하며, 그 경을 다시 다섯 점으로 나누어 불렀습니다.

옛날에는 지금처럼 개인이나 가정에서 사용하는 시계가 따로 없었기에 성안의 군사가 북이나 징을 쳐서 시간을 알려 주었습니다. 조선시대는 물론 해방 이후인 1960~1970년대만 해도 면사무소 같은 곳에서 사이렌을 울려 정오正午가 되었음을 알려 주곤 했는데, 그와 비슷한 형태인 셈이지요.

밤이 되면 성안의 군사들이 일직을 서며 시간에 맞추어 경更과 점點을 알려 주었습니다. 이런 역할을 하는 군사를 경점군사更點軍士 혹은 전루군傳漏軍이라고 했습니다. 경을 알릴 때는 북을, 점을 알릴 때는 징을 쳤습니다. 먼저 궁중의 보루각報漏閣에서 북과 징을 쳐서 시간을 알리면 성안 각처를 지키고 있던 경점군사들이 이를 받아 다시 북과 징을 쳐서 차례로 알렸습니다. 참고로 보루각은 조선시대에 자격루自擊漏를 표준 시계로 하여 설치했던 전각으로, 세종 16년(1434)에 경복궁에 설치했습니다.

시간을 알리는 일은 정확해야 합니다. 하지만 사람 일이란 게 늘 그렇듯 실수가 있기 마련이지요. 더구나 남들이 다 자는 깊은 밤에 일직을 서다 보면 밀려드는 졸음을 쫓아내기 어려웠을 겁니다. 그러므로 깜빡 졸다가 놀라 일어나 경이나 점을 친다는 게 엉뚱한 시간에 치거나, 경을 칠 시간에 점을 치는 등의 실수를 하는 경우가 있었을 겁니다. 그렇게 잘못을 하면 상관에게 불려가서 호되게 야단을 맞거나 어쩌면 볼기를 맞았을지도 모를 일입니다. 실수를 되돌릴 수는 없는 노릇이고, 어떻게든 자신의 실수를 감추어 보려고 불안한 마음에 북이나 징을 어루만지던 군사의 모습이 그려지기도 합니다.

그런 경우가 심심찮게 있었다는 것은 '경점 치고 문지른다'는 속담이 있음을 보아 충분히 짐작할 수 있는 일입니다. 이 속담은 경점 치는 군사가 경점 칠 시간이 아닌데 경점을 치고 나서 자기의 잘못을 깨달아 북이나 징을 문질러 소리가 나지 않게 하려 한다는 뜻으로, 일을 그르쳐 놓고 어찌할 바를 몰라 자기의 잘못을 얼버무리려 함을 이르는 말입니다.

한편 조선시대에, 통행금지를 알리기 위하여 밤마다 치던 종을 '인경[人定]'이라고 합니다. 대개 밤 10시쯤에 종로 보신각에 있는 종을 스물여덟 번 쳤으며, '인경 꼭지가 말랑말랑하거든' 혹은 '인경 꼭지나 만져 보아라'고 하는 속담이 전합니다. 이 속담은 인경 꼭지가 말랑말랑해지는지 만져 보라는 뜻으로, 영영 될 수 없거나 도저히 가능하지 않은 상황을 빗대어 이르는 말입니다.

지금 보신각에 있는 종은 그러한 용도로 사용되는 대신 매해 12월 31일 자정에 종을 쳐서 묵은해를 지나 새해가 시작되었음을 알립니다. 새해맞이를 알리는 종소리를 듣기 위해 수많은 사람들이 한밤중에 보신각 주변에 몰려들어 인산인해를 이루곤 하지요. 그 옛날 인경을 치던 풍습은 사라졌으나 보신각종은 지금도 그 자리에 매달려 자신의 소임을 다하고 있습니다.

경주인 집에 똥 누러 갔다가 잡혀간다

경주인京主人은 경저주인京邸主人, 경공인京貢人, 경역리京役吏, 경저리京邸吏, 경저인京邸人, 공주인貢主人, 저인邸人 등 부르는 이름이 여럿이었습니다. 고려시대 중기부터 조선시대 후기까지 있었는데, 교통과 통신이 발달하지 못하던 때에 중앙과 지방의 연락 및 각종 행정 사무를 담당하던 직책이며, 이들이 사무를 맡아보던 곳을 경저京邸라고 했습니다. 지방에서 공무 때문에 서울로 올라온 아전이나 병사들을 이곳에서 먹여 주고 재워 주며 신변을 책임지기도 했으니, 여러모로 필요했던 기구인 셈입니다.

처음에는 경주인의 직책을 맡을 사람을 지방에서 파견하고 일정 기간이 지나면 다른 사람으로 교체했으나, 경주인 제도의 폐단이 커지면서 서울에 사는 사람을 경주인으로 고용하기도 했습니다. 경주인은 지방에서 공물이 늦게 올라오거나 하면 대신 자신이 내 주고 나중에 지방 관청에서 해당 공물이나 금액을 받았는데, 이 과정에서 몇 배의 이자를 붙여 받아내곤 했습니다. 서울에 사는 관리나 양반들이 경주인의 직책을 사들여 자기 하인에게 맡긴 다음 이익을 보는 경우도 많았습니다. 특히 조선 중기에 대동법이 실시되면서 경주인들이 이런 공물을 중개하며 많은 이권을 챙겼습니다. 사정이 이러다 보니 많은 이들이 경주인 제도의 폐해에 대해 지적하며 아예 없앨 것을 주장했고, 정약용 같은 이도 경주인 자리가 높은 값에 사고 팔리는 현상에 대해 개탄을 했습니다. 실제로 이들의 권리를 매매한 「경주인문기京主人文記」라는 문서가 규장각도서에 남아 있기도 합니다.

'경주인 집에 똥 누러 갔다가 잡혀간다'는 속담이 있는데, 경주인이 위에 바칠 것을 못 하고 있으면 관리가 나와서 그 집에 있는 사람들을 모두 다 잡아가면서 똥 누러 갔던 사람까지도 잡아갔다는 데서 나온 말입니다. 애매한 일로 봉변을 당함을 빗대어 이르는 속담이지요. '파리 경주인'이라는 속담도 있는데, 시골 아전이 서울에 오면 그 고을 경주인의 집으로 모여들듯이 짓무른 눈에 파리가 꼬여 드는 것을 빗대어 이르는 말입니다.

'대경주인代京主人'이라는 말도 있습니다. 경주인의 잘못이 드러나면 감독관청에 잡혀 가서 벌을 받게 되는데, 이때 경주인을 대신하여 불려 가 벌을 받거나 매를 맞던 사람을 이르는 말입니다. 수많은 이권을 챙기면서 잘못이 드러나면 그동안 부정한 방법으로 벌어 놓은 돈으로 사람을 대신 사서 벌을 받게 했을 정도니, 경주인들의 횡포가 얼마나 심했는지 알 수 있습니다.

감독관청에서도 경주인들이 저지르는 비리를 잘 알고 있었을 겁니다. 그래서 가끔 못된 경주인을 잡아다가 벌을 주기도 했지만, 흉내에 그치는 경우가 많았을 겁니다. 어쩌면 감독관청에 있는 이들과 사이좋게 공생관계를 유지하기도 했을지 모릅니다.

예나 지금이나 잇속 차리기 좋은 자리를 탐내는 사람들이 많습니다. 하지만 그게 나랏돈을 만지는 자리라면 결코 그래서는 안 되는 일이지요. 몇 사람이 몰래 빼내서 자신들의 배를 불린 나랏돈이 어디서 나왔겠습니까? 결국은 백성들의 주머니에서 나온 돈일 테니, 그렇잖아도 가진 것 없는 백성들의 마음에 그들에 대한 원성이 얼마나 쌓였을까요?

구렁이 제 몸 추듯

자기 자랑만 하는 사람을 빗대어 말할 때 '구렁이 제 몸 추듯'이라는 속담을 씁니다. 그런데 구렁이가 제 몸을 추는 동작을 한다는 게 언뜻 납득이 되지 않습니다. 일을 분명하고 깔끔하게 처리하지 않고 슬그머니 얼버무릴 때 쓰는 '구렁이 담 넘어가듯'이라는 속담에서 보듯, 구렁이는 배를 깔고 땅이나 담 같은 곳을 스르륵 감아 돌아가는 의뭉스러운 동작이 먼저 연상됩니다. 열대지방에 사는 코브라 같은 종류는 피리소리에 맞추어 춤을 추기도 한다지만, 구렁이가 그러는 걸 보았다는 사람은 없습니다. 그렇다면 이 속담은 다른 속담이 변형되어 만들어진 것이 아닐까 하는 추측을 해 볼 수 있습니다.

연구자들에 따르면 이 속담의 본래 형태는 '굴원이 제 몸 추듯'이었다고 합니다. '굴원이'를 '구렁이'로 잘못 발음하여 퍼뜨린 것이 지금처럼 굳어졌다는 거지요. 굴원이라는 이름을 가진 중국의 시인보다는 구렁이가 일반 백성들의 귀에 훨씬 친숙하고 낯익었을 겁니다. 그러다 보니 자연스레 굴원이 구렁이로 바뀌었겠지요.

굴원屈原은 중국 전국시대의 정치가이자 시인이었습니다. 초나라 회왕懷王의 신임을 얻어 요직에 진출한 뒤 정치적으로 많은 활약을 했으나 나중에는 정적政敵들의 중상모략에 의해 왕의 곁에서 멀어지게 됩니다. 당시에 초나라를 둘러싼 세력관계 속에서 그는 제齊나라와 동맹하여 강국인 진秦나라에 대항해야 한다는 입장을 펼쳤으나, 반대 입장에 섰던 자들에 의해 뜻이 꺾이고 말았습니다. 그 뒤로도 번번이 왕에게 올린 그의 견해는 묵살되었고, 결국에는 양쯔 강 이남의 땅으로 추방당하고 맙니다. 뛰어난 시인이었던 굴원이 이때의 정치적 좌절감과 몰락해 가는 초나라에 대한 안타까움 등을 바탕으로 해서 써 낸 시가 그 유명한 「이소離騷」라는 작품입니다. 훗날 당나라의 두보와 이백도 그의 영향을 받았다고 할 만큼 뛰어난 재능을 지닌 굴원은 중국 최고의 비극 시인이자 애국 시인으로 불리기도 합니다. 물론 우리나라에도 그 명성과 작품이 널리 알려져 많은 이들이 굴원의 재능을 높이 쳐주었습니다. 하지만 굴원은 왕이 아첨하는 자만 좋아하고 충신은 몰라주는 데 따른 울분을 토로하며 10여 년을 유랑하다가 복권되지 못한 것을 비관하여 스스로 멱라수汨羅水에 몸을 던져 목숨을 끊고 맙니다. 시신마저 찾지 못했다고 하니 불행한 죽음이 아닐 수 없습니다.

굴원의 대표작 중 하나인 「어부사漁父辭」에 '온 세상이 모두 썩었건만 나 혼자 맑고, 모든 사람이 다 취했건만 나 홀로 깨어 있다. 그로 인해 내가 추방을 당했다'고 하는 구절이 있습니다. 이 구절에서 '굴원이 제 몸 추듯'이라는 속담이 생겼다고 합니다. 세상 사람들은 모두 틀렸고, 오직 자신만이 옳다고 하는 굴원의 태도를 빗대어 만든 말이라는 거지요. 물론 자신의 능력에 대한 자부심과 그럼에도 군주로부터 버림받은 데서 오는 자괴심에서 나온 표현이겠지만, 사람들은 굴원이 자아도취에 빠져 있는 게 아닌가 했던 모양입니다. 어쨌거나 문학적인 성취에서 오늘날까지도 높이 평가받는 시인이 정치적 좌절을 극복하지 못하고 스스로 강물에 몸을 던졌다는 사실은 큰 아쉬움을 남깁니다.

남산골샌님이 역적 바라듯

조선시대의 한양은 청계천을 중심으로 북쪽은 북촌, 남쪽은 남촌으로 불렸습니다. 북촌은 경복궁을 중심으로 해서 주로 높은 벼슬자리에 있는 사람들이 살던 곳으로, 지금도 옛날의 한옥이 많이 남아 있어 북촌한옥마을로 불립니다. 그에 반해 남촌은 낮은 벼슬아치나 아예 관직이 없는 가난한 선비들이 모여 살던 곳입니다. 그중에서도 남산 부근에 가난한 양반들이 많이 모여 살았는데, 이들을 특별히 '남산골샌님' 혹은 '남산골딸깍발이'라고 불렀습니다.

'남산골샌님'이란 가난하면서도 자존심만 강한 선비를 놀림조로 이르는 말입니다. '남산골딸깍발이' 역시 같은 뜻으로 쓰이는데, 옛날 남산골에 살던 선비들이 가난하여 맑은 날에도 나막신을 신고 다닌 데서 유래합니다. 국어학자인 이희승 선생님은 자신이 쓴 수필 '딸깍발이'에서 남산골샌님의 정신을 높이 평가해 놓았습니다. 비록 가난하여 차림새가 추레하고 외양은 볼품없지만 그들이야말로 올곧은 선비정신을 지닌 이들이라고 추켜세운 것입니다. 나아가 그들의 의기와 강직, 청렴한 미덕을 현대인이 본받기를 권하기도 합니다.

남산골샌님의 모습을 잘 보여 주는 속담이 '남산골샌님은 뒤지하고 담뱃대만 들면 나막신을 신고도 동대문까지 간다'입니다. 뒤지는 볼일을 보고 밑씻개로 쓰는 종이를 뜻하며, 의관을 제대로 갖추지 않고 외출함을 빗대어 이르는 말입니다. '남산골샌님이 망해도 걸음 걷는 보수는 남는다'는 속담도 있습니다. 이 속담은 남산골 선비가 망하여 아무것도 없어도 그 특이한 걸음걸이만은 남는다는 뜻으로, 몸에 밴 버릇은 없어지지 않음을 빗대어 이르는 말입니다. 둘 다 남산골샌님의 부정적인 측면을 보여 주는 속담이라고 하겠습니다. 일반 백성들의 눈에 벼슬도 못 하면서 궁상맞게 사는 그들이 한심해 보이기도 했을 겁니다. 하지만 높은 벼슬을 하고 권세를 지닌 양반들이 겉으로는 번드르르하게 차리고 다닐지 몰라도 속은 더 썩었을지 모릅니다. 그들의 권력 놀음에 나라가 휘청거리거나 백성의 삶이 어려워진 경우도 많았겠지요.

남산골샌님들은 비록 현실 정치에 발을 들이지는 못하고 있지만, 사익 추구에만 골몰하는 그릇된 정치에 누구보다 민감했을 것으로 짐작됩니다. 자신들이 경서를 통해 배운 내용과 동떨어진 정치 현실에 대해 개탄하고 분노하기도 했겠지요. 누군가 나서서 나라를 바로잡아야 한다고 목소리를 높이기도 했을 겁니다. 그런 남산골샌님들의 모습을 나타낸 말이 '남산골샌님이 역적 바라듯'이라는 속담입니다. 가난한 사람이 엉뚱한 일을 바라거나, 불우한 처지에 있는 사람은 늘 불평이 많음을 빗대어 이르는 말입니다. 같은 뜻으로 쓰는 '남촌 양반이 반역할 뜻을 품는다'는 속담도 있습니다.

개중에는 단순히 몰락한 자신들의 처지에 대한 반발심에서 그런 마음을 먹는 경우도 있겠지요. 하지만 긍정적으로 해석하자면 나라에 대한 우국충정과 간신배들이 설치는 조정의 모습에 대한 분노의 표현이라고 볼 수도 있겠습니다. 그들이야말로 지조와 절개를 지닌 재야의 양심이었을 수도 있습니다. 속담의 이면에 담긴 뜻을 헤아리면서, 늘 푸르른 남산의 소나무를 바라보며 글을 읽던 남산골샌님들의 정신을 한 번쯤 새겨보는 것도 좋을 듯합니다.

내 일 바빠 한댁 방아

지금까지 알려진 속담 가운데 가장 오래된 것은 '내 일 바빠 한댁 방아'라는 속담입니다. 자기 일이 바쁘므로 그 일을 위하여 부득이 다른 사람의 일을 먼저 한다는 뜻으로 쓰는 말입니다. 그런데 이 속담은 흔히 '내 일 바빠 한데방아'라는 식으로 쓰기도 합니다. 한데방아는 한데, 즉 집 바깥에 있는 방아를 말합니다. 일을 하려고 집을 나서는데 방아가 가로막고 있어 할 수 없이 먼저 방아를 찧어 두고 간다는 식으로 풀이를 하는 경우가 있습니다. 하지만 이 속담은 본디 '내 일 바빠 한댁 방아'였던 것이 바뀐 것으로, 앞의 풀이와는 사뭇 다릅니다. '한'은 '큰'의 뜻이므로 한댁은 살림살이의 규모가 매우 큰 집을 이르며, 흔히 지체 높은 집을 가리킵니다. 이 속담의 유래와 관련하여 고려시대에 일연이 지은 『삼국유사』에 다음과 같은 이야기가 전합니다.

신라 경덕왕 때, 남자 신도 10명이 극락세계에 뜻을 두고 미타사라는 절을 세웠습니다. 그리고 아간阿干이라는 벼슬자리에 있던 귀진貴珍의 집에는 욱면郁面이라는 계집종이 있었습니다. 욱면이 주인을 따라 이 절에 가서 염불을 하곤 했는데, 일을 하지 않고 절에 다니는 것을 못마땅하게 여긴 주인은 매일 곡식 두 섬을 내어 욱면에게 방아를 찧게 했습니다. 그럼에도 욱면은 초저녁에 방아를 다 찧고 절에 와서 염불하기를 게을리 하지 않았습니다. 뜰에서 염불을 하던 어느 날 공중에서 "욱면은 법당으로 들어가서 염불하라"는 소리가 들렸습니다. 이에 절 안의 중들이 욱면에게 권하여 함께 법당에 들어가 염불을 했습니다. 얼마 안 되어 서쪽 하늘에서 음악 소리가 들리더니 욱면이 몸을 솟구쳐 대들보를 뚫고 밖으로 나갔습니다. 욱면이 서쪽으로 가다가 교외에 이르러 육신을 버리고 부처로 변하여 큰 빛을 내뿜으며 천천히 사라져 갔습니다.

'욱면설화'로 널리 알려진 이 이야기는 신라시대 정토신앙淨土信仰의 특징을 잘 보여줍니다. 정토신앙은 신앙심만 깊으면 누구나 극락에 갈 수 있음을 믿는 신앙으로 불교대중화에 큰 기여를 했습니다. 이 설화의 내용을 볼 때 신앙심이 깊은 계집종 욱면이 절에 가서 염불을 하기 위해 미리 주인집의 방아를 찧어 주고 갔다는 데서 '내 일 바빠 한댁 방아'라는 속담이 생겼다는 것을 알 수 있습니다. 그러다가 점차 '한댁'이라는 말의 쓰임새가 줄면서 '한댁 방아'가 '한데방아'로 변한 것으로 보입니다. 이렇듯 본뜻이 흐려지면서 어휘의 변형이 일어나는 것은 전승과정에서 얼마든지 있을 수 있으며, 그러한 예는 상당히 많습니다. 커다란 새를 뜻하던 '한새'가 '황새'로, 큰 소를 뜻하던 '한소'가 '황소'로 변한 것만 보아도 알 수 있는 일이지요.

경덕왕은 8세기 중반의 임금이므로 삼국유사의 기록을 그대로 따른다면 이 속담은 천 년도 넘는 세월 이전에 만들어진 속담입니다. 이야기가 사실에 바탕을 둔 것이 아니라 저자가 만들어 낸 허구라 해도 『삼국유사』가 나온 때인 1281년에 이미 이 속담이 쓰이던 게 분명하므로 700년 이상 된 속담인 셈입니다. 속담의 유래와 역사를 말할 때 이 속담이 자주 거론되기도 합니다.

동방삭이 인절미 먹듯

세상에서 가장 오래 살았다고 전해지는 사람은 누구일까요? 성서에 나오는 므두셀라가 969세를 살았다는 등 여러 명의 이름을 떠올릴 수 있겠지만 '삼천갑자 동방삭'을 따라올 사람은 없습니다. 동방삭이라는 사람이 삼천갑자를 살았다는 이야기인데, 삼천갑자면 육십갑자의 3,000배이니 무려 18만 년을 살았다는 말이 됩니다. 물론 사람들이 지어낸 허황된 이야기에 지나지 않으나, 지금도 오랜 산 사람을 일컬을 때 동방삭을 끌어들이곤 합니다.

그런 점에서 동방삭이 신화나 전설 속의 인물일 것 같지만 엄연히 역사 기록에 나오는 실존인물입니다. 동방삭(기원전 154~92)은 중국 전한前漢 시대의 문인으로, 말재주가 뛰어나고 해학이 넘쳐서 한 무제漢武帝의 사랑을 받았다고 합니다. 『한서漢書』의 「동방삭전東方朔傳」에 이런 내용이 나옵니다. 한 무제가 인재를 구한다는 소식을 천하에 공포했더니, 제齊나라 사람인 동방삭이 대나무 한 짐에 글을 써서 한 무제에게 올렸답니다. 동방삭의 글은 우선 내용이 많을 뿐만 아니라 필체도 당당하여 읽는 데 두 달이나 걸렸다고 합니다.

이 밖에도 동방삭과 관련한 일화가 많이 전해지는데, 일설에는 서왕모西王母의 복숭아를 훔쳐 먹었기 때문에 장수를 할 수 있었다고 합니다. 서왕모는 중국 신화에 나오는 신녀神女로, 불사약을 가진 선녀라고 하는군요. 한편 동방삭이 뛰어난 익살꾼이긴 했지만 그렇다고 늘 그런 모습만을 보인 것은 아니고, 때로는 한 무제의 사치와 부국강병책에 대한 간언을 하는 등 강직한 면이 있었다는 기록도 있습니다.

동방삭과 그에 얽힌 일화들이 우리나라까지 전해져서 널리 퍼졌고, 동방삭을 등장시킨 속담도 여럿 생겨났습니다. '동방삭이 인절미 먹듯'이라는 속담은 음식을 오래 잘 씹어 먹음을 이르는 말인데, 동방삭이 평소 음식을 오래 씹어 먹어서 장수를 했다는 이야기와 함께 전해집니다. 그리고 '동방삭이는 백지장도 높다고 하였단다'는 속담은 모든 일에 조심하여 실수가 없도록 해야 한다는 말로, 동방삭이 오래 산 것은 백지장을 베고 자도 그것이 높다고 할 만큼 조심스러웠기 때문이라는군요. 하지만 이렇게 조심스러운 동방삭도 결국 죽음을 피할 순 없었겠지요. 그래서 생긴 속담이 '삼천갑자 동방삭이도 저 죽을 날은 몰랐다'입니다. 아무리 현명하다고 해도 사람은 누구나 자기에게 닥쳐올 운명에 대해서는 잘 알지 못함을 빗대어 이르는 말입니다. 이런 속담들은 불로장생에 대한 사람들의 욕망을 동방삭이라는 인물을 통해 표현한 것입니다.

불로장생과는 관련이 없지만 '동방삭이 밤 깎아 먹듯'이라는 속담도 있습니다. 동방삭이 급하고 귀찮으면 밤을 반만 깎아 먹었다는 데서 나온 말로, 조급하여 어떤 일을 반만 하다 마는 경우를 이릅니다. 동방삭의 우스꽝스러운 모습을 보여줌으로써 그가 매우 인간적인 면모를 지닌 사람이었음을 짐작하게 해 주는 속담이라고 하겠습니다.

뜨겁기는 박태보朴泰輔가 살았을라고

박태보(1654~1689)는 조선 후기의 문신으로 예조좌랑, 교리, 이조좌랑, 호남의 암행어사 등을 지냈습니다. 학문과 문장에 능하고 글씨를 잘 썼으며, 비리를 보면 참지 못하고 의리를 목숨보다 소중하게 여겼다고 전해집니다.

1689년에 기사환국己巳換局이 일어납니다. 인현왕후가 왕비로 책봉된 지 여러 해가 지나도록 왕자를 낳지 못하고, 숙종이 총애하던 후궁 장씨가 왕자를 낳습니다. 그러자 숙종이 장씨의 소생을 원자로 책봉하고 인현왕후 민씨를 폐한 후 장씨를 희빈으로 삼으려 합니다. 이러한 문제를 둘러싸고 남인이 숙종의 환심을 사서 서인을 축출한 게 기사환국입니다.

이때 서인에 속해 있던 박태보는 인현왕후 민비를 폐위하는 일이 부당하다고 주장하는 상소를 올리며 강력히 반대했습니다. 이로 인해 임금의 분노를 산 박태보는 친국親鞫을 당하는 등 모진 고문을 받았습니다. 고문 중 맨살을 불에 달군 쇠꼬챙이로 지지는 단근질을 당했음에도 신음소리 한 번 내지 않을 정도로 꿋꿋했으며 끝내 뜻을 굽히지 않았다고 합니다. 이로부터 '뜨겁기는 박태보가 살았을라고'라는 속담이 나왔습니다. 뜨겁기는 하지만 참으라는 말로 쓰는 속담입니다.

한편 이와 관련하여 다음과 같은 이야기가 전해지기도 합니다. 박태보가 종묘 제향에 향로를 만드는 봉로관이 되었을 때 다른 사람은 으레 향로를 물수건으로 싸서 들곤 했는데, 약간 뜨겁다고 해서 나랏일에 직접 들지 않고 다른 걸로 싸서 드는 게 말이 되느냐고 하며 맨손으로 들었다고 합니다. 그렇게 맨손으로 향로를 든 박태보의 손이 노랗게 타들어갔으나 눈썹 하나 까딱하지 않았다고 하는군요. 그래서 나중에 임금이 고문을 할 때 "너는 뜨거운 것을 잘

참더구나" 하면서 단근질을 지시했다는 이야기가 전합니다. 어디까지가 사실인지는 모르겠으나 박태보가 단근질을 당하면서도 소신을 굽히지 않은 것은 분명한 사실입니다.

결국 모진 고문 끝에 진도로 유배를 당했으나, 유배 가는 도중 노량진에 이르러 목숨이 끊어지고 말았습니다. 그때 나이 서른여섯이었습니다. 그가 죽은 뒤 임금은 곧 후회하고 그의 충절을 기리기 위해 정려문을 세웠으며 영의정을 추서하기도 했습니다. 민비를 폐하는 일이 불가하다고 상소하다가 화를 입은 박태보朴泰輔, 오두인吳斗寅, 이세화李世華 세 사람을 일러 삼간관三諫官이라고 부릅니다. 그리고 박태보의 행적을 바탕으로 삼은 『박태보전』이라는 고전소설이 만들어지기도 했습니다. 그만큼 박태보의 충절과 기개가 사람들 마음에 인상 깊게 자리 잡고 있었음을 알 수 있습니다.

마지막으로 그가 남긴 시조 한 수를 소개합니다. 충절가에 해당하는 작품으로 박태보의 꿋꿋한 기개를 엿볼 수 있습니다.

> 흉중에 불이 나니 오장이 다 타 간다
> 신농씨 꿈에 보아 불 끌 약 물어보니
> 충절과 강개로 난 불이니 끌 약 없다 하더라

만수산에 구름 모이듯

사람이나 사물이 많이 모일 때 '만수산에 구름 모이듯'이라는 속담을 씁니다. 이 속담에 등장하는 만수산은 어디에 있는 산을 가리키는 걸까요? 사람들에게 많이 알려진 만수산은 대략 세 군데 정도입니다. 중국 베이징 북서쪽에 만수산이 있고 충남 부여군 외산면에도 만수산이 있으며, 개성에 있는 송악산도 다른 이름으로 만수산이라고 합니다. 우리 속담에 중국에 있는 산 이름이 많이 등장하기는 하지만, 위 속담은 중국에 있는 산이 아니라 개성에 있는 만수산을 가리킨다고 보는 게 옳습니다.

이 속담의 유래는 전래 민요인 〈정선아라리〉에서 실마리를 찾을 수 있습니다. 〈정선아라리〉는 현재 전해지는 가짓수만 해도 무척 많은데, 그중 가장 오래되었다고 알려진 노래의 가사 중에 이런 구절이 있습니다.

> 눈이 오려나, 비가 오려나, 억수장마가 지려나
> 만수산萬壽山 검은 구름이 막 모여든다

여기 나오는 '만수산 검은 구름이 막 모여든다'에서 비롯된 속담이 바로 '만수산이 구름 모이듯'이며, 이 노래의 유래에 대해 다음과 같은 이야기가 전해집니다.

고려 말에 이성계가 고려를 무너뜨리고 조선왕조를 세우게 됩니다. 이때 이성계 밑으로 들어가지 않고 끝까지 고려에 충성을 맹세한 신하들이 있었습니다. 이들은 지금의 경기도 개풍군 광덕면光德面 광덕산光德山 서쪽 기슭에 있는 두문동杜門洞에 들어가 은둔 생활을 했으며 이들을 '두문동칠십이현杜門洞

七十二賢'이라고 합니다. 두문불출杜門不出이라는 한자성어가 이 고려 유신들이 들어가 살았던 두문동에서 유래한다는 이야기가 널리 퍼져 있으나, 실은 그보다 천여 년 전에 펴낸 사마천의 『사기史記』에 이미 같은 표현이 있는 것으로 보아 뒷사람들이 지어낸 이야기라고 하겠습니다.

위 사람들 중 전오륜, 변귀수, 김충한, 고천우, 김위, 이수생, 신안 7인이 그 후 강원도 정선에 있는 서운산으로 옮겨와 살며 끝까지 고려에 대한 충절을 지켰습니다. 그들이 숨어 살던 곳을 거칠현동이라고 하며, 정선군에서는 이들을 기려 1997년부터 거칠현공원을 조성하고 그곳에 고려 유신 칠현비를 세웠습니다.

거칠현동에 살던 이들 중 한 명이 고려의 수도였던 송도를 바라보며 나라를 잃은 한스러운 마음을 담아 한시漢詩를 지었는데, 그 내용을 고을 사람들이 노랫말 삼아 부른 것이 위에 소개한 〈정선아라리〉라고 합니다. 노랫말에 나오는 '만수산 검은 구름'이란 바로 고려를 무너뜨리려는 이성계 무리를 뜻한다는 거지요. 그러므로 위 노래는 망국의 한이 서린 노래이며, 따라서 가락 자체도 구슬픈 곡조라는 것이 〈정선아라리〉를 연구하는 사람들의 설명입니다.

'만수산에 구름 모이듯'이라는 속담을 언뜻 들으면 만수산이라는 이름을 가진 산이 평소 구름이 많이 두르고 있었던 모양이라고 생각하기 쉬운데, 실은 역사적인 배경에서 나온 말이라는 걸 알 수 있습니다.

맹상군의 호백구 믿듯

남을 너무 믿어 조금도 의심하지 않음을 이를 때 '맹상군의 호백구 믿듯'이라는 속담을 씁니다. 속담에 나오는 맹상군은 중국 전국시대 제나라의 재상이었으며 나중에는 설薛 땅의 제후까지 지냈던 사람입니다. 이 속담이 나오게 된 역사적 배경이 『사기』의 「맹상군열전孟嘗君列傳」에 다음과 같이 나와 있습니다.

맹상군은 평소 주변 사람들을 극진히 대하고 집안에 수천 명의 식객을 거느렸는데, 그중에는 뛰어난 문인이나 무인도 많았지만 개중에는 재주가 하찮아 보이는 사람들도 있었습니다. 기원전 298년에 맹상군은 진秦나라 소양왕昭襄王으로부터 재상으로 와 달라는 요청을 받았습니다. 처음에는 썩 내키지 않았으나 거절하면 혹시 화가 미칠지도 몰라 수락을 했습니다. 그는 식객 중에서 가려 뽑은 몇 사람을 데리고 진나라의 도읍 함양咸陽으로 갔습니다. 그리고 소양왕을 알현하는 자리에서 값비싼 호백구狐白裘를 예물로 바쳤습니다. 호백구는 여우 겨드랑이의 흰 털가죽을 여러 장 모아 이어서 만든 갖옷으로, 귀족들만 입을 수 있는 고급품입니다. 이에 소양왕은 자신의 뜻대로 맹상군을 재상으로 기용하려 했으나 중신들이 반대하고 나섰습니다. 제나라의 왕족을 재상으로 중용하는 것은 진나라를 위하는 것이 아니라는 논리에 소양왕도 자신의 뜻을 접을 수밖에 없었지요.

문제는, 맹상군을 그냥 돌려보낼 경우 원한을 품고 복수를 할까 봐 맹상군을 죽이려고 했다는 사실입니다. 이런 움직임을 눈치 챈 맹상군은 고민 끝에 소양왕의 애첩을 찾아가 도움을 청하고, 애첩은 왕에게 바친 호백구와 똑같은 것을 주면 도와주겠노라는 답변을 합니다. 하지만 호백구를 다시 구할 방법이 없어 애를 태우자, 데리고 온 식객 중에 도둑질을 잘하는 사람이 있어, 궁궐에 들어가 맹상군이 바친 호백구를 몰래 훔쳐 왔습니다. 이 호백구를 애첩에게 주었고, 소양왕은 애첩의 청에 못 이겨 맹상군의 귀국을 허락합니다. 하지만 곧 후회를 하고 추격병을 보내 맹상군을 다시 잡아들이라는 명령을 내립니다. 맹상군이 국경인 함곡관函谷關에 도달했으나 첫닭이 울 때까지는 관문을 열지 않는 까닭에 뒤쫓아 오는 추격병에게 잡힐 위기에 놓였습니다. 이때 역시 식객 중 한 명이 닭울음소리를 기막히게 흉내 내어, 그 소리를 듣고 날이 샌 줄로 착각한 경비병이 문을 열어 주자 무사히 도망을 갈 수 있었습니다.

이러한 고사로부터, 비굴하게 남을 속이는 하찮은 재주 또는 그런 재주를 가진 사람을 이르는 '계명구도鷄鳴狗盜'라는 고사성어가 생겨나기도 했습니다. 계명鷄鳴은 닭울음소리를 잘 내는 자를 말하며, 구도狗盜는 밤에 개가죽을 둘러쓰고 인가에 숨어들어 도둑질하는 좀도둑을 말합니다.

결국 맹상군은 자신이 가지고 간 호백구를 믿고 소양왕의 환심을 사려고 했으나 별 소용이 없었고, 오히려 자신이 데리고 간 식객들의 도움으로 위기에서 빠져나오게 됩니다. 어떤 일이든 한 치의 의심도 없이 믿는 일은 그만큼 위험하다는 교훈을 맹상군의 이야기에서 얻을 수 있겠습니다.

묻지 말라 갑자생

천간天干의 갑甲·을乙·병丙·정丁·무戊·기己·경庚·신辛·임壬·계癸와 지지地支의 자子·축丑·인寅·묘卯·진辰·사巳·오午·미未·신申·유酉·술戌·해亥를 순차로 배합하여 갑자甲子부터 계해癸亥까지 예순 가지로 늘어놓은 것을 육십갑자, 줄여서 육갑이라고 합니다.

속어로 '병신 육갑한다'는 말을 쓰는 경우가 있는데, 이 말은 되지못한 자가 엉뚱한 짓을 한다는 뜻입니다. 나이를 가지고 태어난 해의 육갑을 헤아리는 것을 '육갑을 짚다'라고 합니다. 그런데 신체와 정신이 성치 못한 사람이라면 육갑을 제대로 짚을 리 없는데도, 자기가 짚어 보겠다고 나서서 되지도 않는 동작을 하고 있으면 다른 사람들 눈에 한심해 보이겠지요. 그래서 생겨난 말이 위의 속어입니다.

나이 60을 가리키는 환갑이나 같은 나이를 가리키는 동갑 혹은 갑장이라는 말은 모두 육갑에서 비롯된 말입니다. 이렇듯 우리는 예로부터 육갑을 가지고 사람의 나이를 따지거나 태어난 해의 띠를 이야기해 왔습니다. 여기서 잠깐 '자치동갑'이라는 말을 살펴볼까요? 자치동갑은 자칫하면 동갑이 될 뻔했다는 데서 나온 말로 한 살 차이가 나는 동갑을 가리킵니다. 어깨동갑이라고도 하지요. 한편 '띠동갑'이라는 말도 있습니다. 띠가 같은 사람을 이르는 말로, 주로 12살 차이가 나는 경우를 가리킵니다. 경우에 따라 자치동갑과 같은 말로 쓰기도 합니다.

'묻지 말라 갑자생'이라는 속담이 있습니다. 물어보지 않아도 그 정도는 다 안다고 할 때 쓰는 말입니다. 육십갑자 중 맨 처음인 갑자년에 태어났으므로 가장 어른 대접을 받아야 하고, 또 그만큼 모든 것을 잘 알고 있다는 뜻이 담겨 있습니다. 그런데 이 속담이 널리 퍼지게 된 데는 가슴 아픈 역사가 배경으로 자리 잡고 있습니다.

1940년대 초에 태평양 전쟁을 일으킨 일본은 전세가 불리해지면서 수많은 우리의 젊은 청년들을 징병이나 징용을 이유로 전쟁터로 끌고 갔습니다. 친일 지식인들을 내세워 '성스러운 전쟁에 참가하는 영광을 누리라'는 식의 강연을 통해 젊은이들의 자원입대를 강요하기도 했고, 때로는 강제로 끌고 가기도 했습니다. 그렇게 젊은이들을 모아 형식적인 신체검사만을 한 다음 죽음의 땅으로 몰아넣은 것이지요. 신체검사를 할 때 갑자생(1924년생) 언저리의 청년들은 한창 혈기왕성한 나이인지라 물어 볼 것 없이 합격 판정을 받았습니다. 이런 이유로 당시에 이 말이 더욱 널리 퍼지게 되었다고 합니다.

징용이나 징병으로 끌려가서 죽거나 다친 수많은 젊은이들에 대해 일본 당국은 지금껏 제대로 된 사과와 배상을 하지 않고 있습니다. 정신대로 끌고 간 여성들에 대해서도 마찬가지지요. 부끄러운 과거사에 대한 정리 없이는 새로운 미래를 열어갈 수 없습니다. 일본 정부의 몰역사적인 행위에 대한 성토 못지않게 우리가 돌아보아야 할 것은 우리 스스로도 친일행위를 한 자들에 대한 단죄를 하지 못했다는 사실입니다. 당시에 갑자생 언저리에 있었다는 이유만으로 끌려가서 억울하게 목숨을 잃은 수많은 젊은이들의 넋을 생각해서라도 친일행위자들에 대한 역사적 정리 작업을 더는 미룰 수 없습니다.

사명당의 사첫방 같다

매우 추운 방을 빗대어 이를 때 '사명당의 사첫방 같다'는 속담을 씁니다. 사명당은 잘 알다시피 임진왜란 때 승병을 이끌고 왜적에 맞서서 여러 차례 큰 공을 세운 스님입니다. 휴정(서산대사)의 휘하로 들어가 명나라 군대와 협력하여 평양을 수복하고, 권율 장군과 의령에서 왜군을 격파하여 당상관의 직위를 받기도 했습니다. 이렇듯 사명당의 활약이 널리 알려지면서 그의 능력을 과장한 이야기가 여럿 생겨났습니다. 위 속담도 그런 이야기와 관련이 있습니다.

사명당은 임진왜란이 끝난 뒤 선조의 친서를 들고 일본에 건너가 강화를 맺고 조선인 포로 3,500명을 인솔하여 귀국했습니다. 여기까지는 역사 기록에 나와 있는 분명한 사실이나, 사명당이 일본에 머물 때 있었던 일이라며 지어낸 이야기가 지금도 전해지고 있습니다. 특히 『임진록』이라는 소설에 나오는 사명당 이야기가 사람들 입에 오르내리면서 널리 퍼지게 되었습니다.

여러 이야기가 나오는데, 속담과 관련한 부분은 이렇습니다. 사명당이 일본에 도착하자 일왕이 사명당을 죽일 음모를 꾸밉니다. 일왕이 사명당을 구리로 지은 집에 머물게 하고 문을 잠근 다음 숯을 쌓아놓고 풀무질을 해서 구리가 녹을 정도로 방을 뜨겁게 달구었습니다. 그런 계략을 미리 알아차린 사명당이 사면에 서리 상霜 자를 써 붙이고 방석 밑에는 얼음 빙氷 자를 써놓은 다음 팔만대장경을 외우자 방안이 마치 얼음 창고처럼 변해 버렸습니다. 사명당의 눈썹에는 서리가 내려앉고 수염에는 고드름이 매달릴 정도였다고 하는군요. 일왕의 신하가 방문을 열었다가 이런 모습을 보고 깜짝 놀라자 사명당이 "왜국이 남방이라 덥다 하더니 왜 이리 추우냐?"고 호통을 쳤습니다. 사명당이 신통력을 발휘하여 일왕과 신하들을 꼼짝 못 하게 했다는 통쾌한 이야기입니다.

고전소설답게 사명당의 신통력을 지나치게 부풀려서 서술하고 있음을 알 수 있습니다. 그런데 왜 이렇게 사명당을 신비화한 걸까요? 임진왜란을 일으킨 일본이 애초의 뜻을 이루지 못하고 스스로 물러나긴 했지만, 객관적으로는 우리가 수많은 피해를 입었고 내용상으로 패배한 전쟁이었습니다. 따라서 오랜 전란에 지친 데다 패배감에 젖어 있는 백성들을 위안하고 민족의 자존심을 세워 줄 필요가 있었습니다. 그런 배경 속에서 탄생한 것이 『임진록』과 같은 소설입니다. 이 소설은 일본에 대한 반감을 부추기는 내용 때문에 일제 강점기에 금서로 지정될 정도였습니다.

위 이야기로부터 사명당이 일본에서 머물던 방에 빗대어 '사명당의 사첫방 같다'는 속담이 생겨났으며, 줄여서 '사명당의 사첫방'이라고도 합니다. '사첫방'은 손님이 묵는 방을 말합니다.

추위와 사명당을 연결해서 만든 속담으로 '사명당이 월참越站하겠다'는 것도 있습니다. 월참은 역마를 갈아타는 곳을 들르지 않고 그냥 지나감을 이르는 말입니다. 추위에 잘 견디던 사명당조차 쉬어 가지 않고 지나쳐 버릴 것이라는 뜻으로, 방이 몹시 추움을 빗대어 이르는 말입니다.

성은 피가라도 옥관자 맛에 다닌다

'성은 피가라도 옥관자 맛에 다닌다'는 속담이 있습니다. 성은 비록 양반이 못 되는 피씨 성을 가졌을지라도 옥관자를 망건에 단 멋에 우쭐대며 다닌다는 뜻으로, 본바탕은 변변치 않은 사람이 겉모양을 뽐내며 거들먹거리는 경우를 비꼬는 말입니다. 이 속담을 소재로 삼은 수필가 피천득의 작품에 「피가지변皮哥之辯」이라는 게 있습니다. 그 글에 다음과 같은 내용이 나옵니다.

> 성은 피가라도 옥관자 맛에 다닌다는 말이 있다. 관자라는 것은 '금, 옥 또는 뼈나 뿔로 만든 것으로, 망건 줄을 꿰는 단추같이 생긴 작은 고리다. 옥관자에는 두 가지 종류가 있는데, 새김을 놓은 것은 당상 정3품에 있는 사람이 다는 것이요, 새김을 놓지 않은 것은 종1품이나 달 수 있는 것이다'. 피씨가 달던 것은 물론 후자는 아닐 게고, 전자라 하더라도 상당한 양반이 아닐 수 없다.
>
> 그런데 희성稀姓이기는 하지만 어찌하여 역사에 남은 이름에 그다지도 없었던가? 알아보니, 피씨의 직업은 대개가 의원이요, 그중에는 시의侍醫도 있었다는 것이다. 그런데 어전까지 가까이 들어가려면 적어도 당상 정3품은 되어야 했다. 의원은 양반이 아니요 중인이나, 편법으로 피주부皮主簿에게 옥관자가 허락되었던 것이다.

피천득 본인이 피씨 성을 가졌기에 위와 같은 글이 나올 수 있었을 겁니다. 흔히 '천방지추마골피'를 읊조리며 이들 일곱 성이 천민들의 대표적인 성씨라고 하는 얘기를 많이 듣습니다. 피천득 또한 이러한 말을 들었을 테고, 평소에 자신의 성씨에 대해 갖고 있던 생각을 글로 풀어 보고 싶었을 겁니다. 그러면서 피씨의 유래와 자신의 조상들에 대해 따져 보기도 했겠지요.

그런데 '천방지추마골피'가 천민의 성이라는 건 사실일까요? 조금만 살펴보아도 전혀 근거가 없는 낭설이라는 걸 알 수 있습니다. 위 성씨를 가진 사람 중에 높은 벼슬자리에 오르거나 역사에 이름을 남긴 사람들이 여럿 있으니까요. 그런데 왜 하필 위의 일곱 성이 천민의 성을 대표한다는 뜬소문이 널리 퍼지게 되었을까요? 천민은 애초에 성이 없었다가 조선 후기부터 서서히 성을 지니기 시작했으며 일제 강점기에 이르러 대부분 성을 갖게 됩니다. 그런데 이들은 대체로 김, 이, 박, 최 등 흔한 성으로 자신의 성을 삼았다고 합니다. 굳이 희성을 택해서 천민의 꼬리표를 달고 싶지는 않았겠지요. 희성은 대체로 중국이나 여진족과 같은 북방민족 또는 멀리 아라비아 등지에서 귀화한 사람들이 많이 쓰고 있습니다.

이와 관련해서 새로 성을 얻게 된 천민들이 '천방지추마골피'라는 말을 만들어 내고 이들을 천민 출신으로 몰아감으로써 자신들의 출신성분을 감추려 했다는 해석을 하는 사람들이 있습니다. 그럴듯하긴 하나 이 역시 추측일 뿐, 누가 언제 이 말을 만들어 냈는지는 정확히 밝혀내지 못하고 있습니다. 중요한 것은 어떤 연유로 생겼건 간에 근거 없는 낭설임을 정확히 알고 더는 입에 올리지 않는 것과 함께, 성으로 양반과 상민, 나아가 천민 출신을 나누려는 그릇된 태도를 버리는 것이라고 하겠습니다.

소장의 혀

중국의 역사를 배우다 보면 '합종연횡合從連衡'이라는 말이 나옵니다. 이 말은 중국 전국시대의 최강국인 진秦과 연燕·제齊·초楚·한韓·위魏·조趙 6국 사이의 외교 전술이었던 합종책과 연횡책을 아우르는 말입니다.

합종책을 내세운 사람은 소진蘇秦입니다. 기원전 4세기 말에 소진은 우선 연나라에게, 이어서 다른 다섯 나라에게 '진 밑에서 소의 꼬리가 되기보다는 차라리 닭의 머리가 되자'고 설득하여, 6국을 연합시켜 강대한 진나라와 맞서는 동맹을 맺도록 했습니다. 이러한 성과를 바탕으로 여섯 나라의 재상의 인장印章을 가지게 되었고, 스스로 무안군武安君이라 칭하여 이름을 떨쳤습니다. 이 때문에 동방으로 진출을 꾀하던 진나라는 한동안 진출을 저지당해야 했습니다.

이러한 합종책에 반대하여 연횡책을 내세운 사람이 위나라의 장의張儀입니다. 장의는 반대로 강대국인 진을 섬겨야 한다며 여섯 나라를 돌아다니며 설득해 진이 6국과 개별로 횡적 동맹을 맺도록 하는 데 성공했습니다. 결국 진은 합종을 타파한 뒤 6국을 차례로 무너뜨려 중국을 통일했습니다.

당시에는 진나라가 가장 강했으므로, 진나라에 맞서 약자들의 동맹을 내세운 것이 합종책이었다면 강국인 진나라와 친선을 맺어 평화를 유지하자는 것이 연횡책이었다고 하겠습니다. 소진과 장의는 각기 자신의 논리로 다른 외교술을 펼쳤지만, 결국은 힘의 논리에 따라 강국인 진나라가 다른 나라들을 멸망시킴으로써 전국시대를 마감하게 되었습니다.

합종을 내세운 소진과 연횡을 내세운 장의는 언변이 매우 뛰어났습니다. 여러 나라를 돌며 제후들에게 자신의 전략을 설명하고 설득시키기 위해서는 웬

만한 말솜씨로는 힘들었을 겁니다. 그래서 이 두 사람을 뛰어난 책사策士이자 언변가로 인정하는 데 아무도 이의를 달지 않습니다.

이 두 사람의 말솜씨에 빗대어 '소장의 혀'라는 속담이 생겨났으며, 소진과 장의의 변설辨說이라는 뜻으로 매우 구변이 좋음을 이르는 말입니다. 같은 뜻으로 '소진의 혀'라는 속담을 쓰기도 하는데, 이는 소진을 장의보다 높게 친 데서 비롯된 것으로 보입니다. 소진의 동생인 소대와 소여도 뛰어난 언변가로 알려져 있음을 볼 때, 말을 잘하는 집안 내력을 지니고 있었던 모양입니다.

하지만 모든 사람이 완벽할 수는 없습니다. 그래서 생겨난 것이 '소진이도 말 잘 못할 때가 있다'는 속담입니다. 소진과 같이 말을 잘하는 사람도 말실수할 때가 있다는 뜻으로, 말실수를 하는 경우에 위로 삼아 이르는 말입니다. 실제로 소진은 합종책이 실패한 후 연나라의 관직에 있다가 다시 제나라로 가서 벼슬을 했으나, 제나라 대부大夫의 미움을 받아 암살을 당했습니다. 뛰어난 언변도 자신의 목숨을 살리지는 못했음을 볼 때, 정치 세계의 비정함과 더불어 논리와 언변만으로는 세상을 바꾸지 못한다는 사실을 엿볼 수 있습니다.

여든에 능참봉을 하니
한 달에 거둥이 스물아홉 번이라

능참봉은 조선시대에 능을 관리하는 일을 맡아보던 참봉 벼슬을 이르는 말입니다. 직책으로 따지면 종9품에 해당하는데, 이는 벼슬 중에서도 가장 낮은 자리입니다. 그러니 능참봉이 되었다고 해서 크게 자랑거리로 삼을 만한 일은 못 되지요. 하지만 평생 벼슬길에 오르지 못하던 사람이 뒤늦게 능참봉이라도 한 자리 차지하게 되면 마음속으로 은근히 기쁨이 찾아들기도 했을 겁니다. 평상시에 능이나 잘 관리하고, 1년에 한두 번 임금이 행차할 때 반짝 신경을 쓰면 되니 크게 어려운 일도 아니었으니까요. 하지만 겉으로는 한가한 직책처럼 보여도 왕실의 능을 관리하는 일이라서 조금이라도 잘못하다가는 곤경을 치러야 했습니다. 능 주변에 있는 나무 하나라도 훼손하면 귀양을 가야 할 정도였다니, 세상에 놀고먹는 일은 없는 법이지요.

'여든에 능참봉을 하니 한 달에 거둥이 스물아홉 번이라'는 속담이 있습니다. 비슷하게 '칠십에 능참봉을 하니 하루에 거둥이 열아홉 번씩이라', '모처럼 능참봉을 하니까 한 달에 거둥이 스물아홉 번'처럼 쓰기도 합니다. '거둥'은 '거동擧動'에서 온 말로 임금님의 나들이를 가리키는 말입니다. 여든이라는 나이에 능참봉 벼슬을 한다는 건 과장일 테고, 그만큼 늦은 나이에 벼슬을 하게 되었다는 얘기겠지요. 임금이 한 달에 스물아홉 번이나 거둥을 한다는 것 역시 과장일 테고요. 하여간 죽기 전에 비록 낮은 자리이긴 하지만 벼슬길에 나섰는데 임금이 한 달에 스물아홉 번이나 능에 행차를 하니 얼마나 힘들겠습니까? 그래서 이 속담은 오래 바라고 고대하던 일이 이루어졌으나 허울만 좋을 뿐 수고롭기만 하고 실속이 없음을 빗대어 이르는 말, 혹은 운수가 나빠 일이 안 되려면 일마다 낭패만 본다는 말로 쓰입니다.

이 속담은 정조 임금 때문에 생겼다는 말이 있습니다. 널리 알려진 것처럼 정조는 자신의 아버지인 사도세자가 뒤주에 갇혀 억울하게 죽음을 맞은 것을 늘 분하고 안타깝게 여겼지요. 그러다가 임금이 되자 사도세자의 무덤을 수원 화성 쪽으로 옮기고 현륭원이라 칭한 다음 그곳으로 자주 행차를 했습니다. 나중에는 사도세자를 장조라 높여 부르고 무덤 이름도 융릉으로 고쳐 불렀지요. 이 속담과 정종의 능행이 관련이 있는지 문헌상으로 확실하게 확인할 수 있는 건 아니지만, 정조가 사도세자의 능을 자주 찾았던 것은 분명한 사실입니다.

이와 비슷한 뜻을 지닌 속담으로 '모처럼 태수 되니 턱이 떨어져'라는 게 있습니다. 모처럼 고을의 수령인 태수太守 자리에 올라 풍족하게 먹고살겠다 싶었는데 턱이 떨어져서 먹지 못하게 되었다는 데서 온 말로, 목적한 바를 모처럼 이룬 일이 허사가 되고 맒을 빗대어 이르는 속담입니다. '재주를 다 배우고 나니 눈이 어둡다'도 같은 뜻으로 쓰는 속담입니다.

마지막으로 '개다리참봉'이라는 말을 소개합니다. 예전에, 돈으로 참봉을 사서 되지못하게 거드름을 피우는 사람을 낮잡는 뜻으로 이르던 말입니다.

예황제 부럽지 않다

별로 하는 일 없이 호의호식하며 안락하게 지내는 왕을 '예황제'라고 하며, '예황제 부럽지 않다'는 속담은 생활이 매우 안락함을 빗대어 이르는 말입니다. 그렇다면 예황제는 누구를 말하는 걸까요? 언뜻 생각하면 중국의 어느 황제를 가리키는 것처럼 여겨지나, 사전에는 예황제의 '예'가 한자로 표기되어 있지 않습니다. 중국의 황제라면 당연히 한자 표기가 있어야겠지요. 그렇다면 다른 데서 실마리를 찾아야 하는데, 조선 초기의 문신인 성현成俔(1439~1504)이 지은 『용재총화慵齋叢話』에서 관련된 내용을 찾아볼 수 있습니다.

『용재총화』는 1525년(중종 20년) 경주에서 간행되었으며, 분량은 많지 않으나 기록한 내용이 다양해서 '총화'라는 제목을 붙였습니다. 고려 때부터 조선 성종에 이르기까지의 민속이나 문학에 대한 논의가 많은 비중을 차지하며, 그 밖에 역사·지리·종교·학문·음악·서화書畵·문물제도 등을 다루고 있어 당시 각 분야의 상황을 이해하는 데 도움을 많이 줍니다. 당시의 풍속이나 설화 등을 수록하고 있어 민속학이나 구비문학 연구에 큰 도움을 주는 자료이며, 문장이 아름다워 조선시대 수필문학의 우수작으로 꼽히기도 합니다. 이 『용재총화』에 다음과 같은 내용이 실려 있습니다.

> 일본국에는 황제가 있고 국왕이 있으나 황제는 궁중에 깊이 파묻혀 하는 일이 없고, 다만 아침저녁으로 하늘에 절하고 해에 절을 할 따름이어서 세상에서 권력이 없으면서 존귀한 자를 왜황제倭皇帝라 부른다. 국왕이 오로지 국가의 정치를 주관하고 쟁송爭訟을 자세히 듣고 판단하여 처리했다. 그러나 대신이 있어서 각각 병사를 가지고 지면을 나누어 웅거하여 때로는 반란을 꾀하고 명

령에 따르지 않아도 왕이 이를 제어하지 못했다. ……황제와 국왕의 자식은 다만 장자가 아내를 얻어 대를 잇고, 그 나머지는 모두 중이나 여승이 되었는데, 그 존귀함으로 말미암아 하인과 결혼하지 못했다.

위 글에 소개된 왜황제의 모습이 '예황제'의 뜻풀이에 나온 모습과 거의 비슷합니다. 실권은 없고 상징적인 권력만 지닌 일본국의 황제가 생활하는 모습이 매우 안락해 보였던 모양입니다. 그래서 팔자 좋은 사람의 대표적인 인물로 왜황제가 사람들 입에 오르내리다가 발음이 비슷한 예황제로 변했을 것으로 보입니다.

하지만 성현이 일본에 대해 기록한 내용은 그다지 신뢰할 만한 수준이 못됩니다. 위 내용뿐만 아니라 이어지는 다른 내용들도 객관적이라고 보기 어려우며, 다만 사람들 사이에 떠도는 이야기를 엄밀한 고증을 거치지 않은 채 단순히 받아 적은 듯합니다. 당대의 지식인이랄 수 있는 성현이 일본에 대해 지니고 있는 지식이란 게 이 정도였으니, 일본에 대한 연구가 거의 없었다고 할 수 있겠습니다. 그러니 임진왜란 당시에 일본의 내부 사정을 전혀 알지 못했던 것도 어쩌면 당연한 일이겠습니다.

예황제라는 낱말이 쓰인 용례는 많지 않은데, 그중 흥부전 경판본에 놀부가 하는 말로 "흥부는 세 통을 가지고 부자가 되었으니 나는 장자 되리로다. 석숭石崇을 행랑에 넣고, 예황제를 부러워할 개아들 없다"는 대목이 나옵니다.

입이 걸기가 사복개천 같다

우리 주변에서 가끔 상스러운 말을 입에 달고 사는 사람을 볼 수 있습니다. 말이란 서로의 감정과 생각을 전달하는 수단인데, 지나치게 상스러운 말을 쓰면 절로 눈살이 찌푸려질 뿐만 아니라 그 사람의 인격까지도 의심하게 됩니다. 그럼에도 잘못된 말버릇을 고치지 못하고 습관처럼 상스러운 말을 쓰는 사람을 보면 안타까운 마음이 듭니다. 더구나 청소년들이 너나없이 상스러운 말을 쓰고 있는 현실을 보면 우리의 언어생활이 얼마나 비틀려 있는지 심각한 우려가 들지 않을 수 없습니다.

이렇듯 말을 조금도 삼가지 않고 상스럽게 함부로 지껄이는 경우를 빗대어 이를 때 '입이 걸기가 사복개천 같다'는 속담을 씁니다. '사복개천'이 대체 어떻기에 이런 속담이 생겼을까요? 이 속담을 제대로 이해하려면 사복司僕 혹은 사복시司僕寺라고 했던 관청을 알아야 합니다.

사복시는 고려시대에 설치되어 조선시대까지 이어진 관청 이름입니다. 사복시에서는 궁중에서 필요한 말을 기르고 궁중의 가마나 마구馬具에 대한 일을 맡아보는 동시에 각 지방마다 설치되어 말을 기르던 하부 기관인 목장牧場을 관장했습니다. 궁중 안에 있는 내사복시와 궁중 밖 도성에 있는 외사복시가 있는데, 내사복시는 경복궁 영추문 안과 창경궁 홍문관 남쪽에 있었고, 외사복시는 지금의 종로구 수송동에 있는 종로구청과 소방본부 인근에 자리 잡고 있었습니다. 외사복시는 본래 정도전의 집이 있던 곳인데, 그가 죽은 후 평소 정도전을 미워하던 이방원이 집을 헐고 사복시로 만들었다고 합니다.

말을 기르던 곳이다 보니 사복시 주변은 아무래도 말똥과 여러 오물로 매우 지저분했을 것은 자명한 사실입니다. 특히 사복시 앞을 지나가는 개천은 늘

오물이 떠다닐 정도로 더러웠습니다. 거기서 유래한 '사복개천'이라는 말이 '몹시 더러운 물이 흐르는 개천'이라는 뜻으로 사전에 올라 있습니다.

'사복 물어미냐 지절거리기도 한다'는 속담도 있습니다. 물 긷는 일을 맡아 하는 여자 하인을 물어미라 하며, 남자의 경우는 물아범이라고 부릅니다. 이 속담은 사복시의 물 긷는 어미처럼 상말을 마구 지절거리는 경우를 비난조로 이르는 말입니다. 사복시에서 물을 긷던 여자 하인이 특별히 다른 여자들보다 상말을 많이 했는지에 대해서는 정확한 자료가 없으나, 속담까지 생겨난 걸로 보아 주변 사람들이 사복시 물어미를 안 좋게 여겼다는 것은 분명해 보입니다. 말을 기르느라 늘 지저분하고 냄새가 나는 환경에 놓인 곳이다 보니 사복시에 대한 인상이 안 좋을 수밖에 없고, 덩달아 사복시에서 일하는 사람들에 대한 평판도 나빴을 것으로 짐작됩니다.

한편 사복시에 소속된 종들 중에 임금이 말이나 가마를 타고 행차를 할 때 그 앞으로 사람들이 얼씬거리지 못하도록 고함을 치고 다니는 사람들을 사복거덜이라고 하는데, 이들에 대한 평판 역시 좋지 않았습니다. 하인 주제에 사람들 앞에서 고함을 치고 다니니 누가 좋아하겠습니까? 이 모든 정황이 합쳐져서 사복시와 그곳에서 일하는 사람들에 대한 부정적인 말이 생겨났을 것으로 보입니다.

조조는 웃다 망한다

중국 소설 작품으로 우리나라에서 가장 널리 읽히는 것이 『삼국지』입니다. 본래 진수가 지은 『삼국지三國志』는 정사를 다룬 역사책이고, 우리가 흔히 읽는 소설 『삼국지』는 나관중이 지은 『삼국지연의三國志演義』입니다. 이 작품은 역사적 사실을 바탕으로 하긴 해도 어디까지나 소설 작품이며, 다양한 등장인물이 펼치는 방대하고 흥미진진한 이야기 전개로 인해 중국 사람은 물론 우리나라 사람의 마음까지 사로잡았습니다. 그동안 많은 번역본이 나왔으며, 지금도 계속 새로운 번역본이 나와 독자에게 폭넓게 읽히고 있습니다.

이야기 규모가 워낙 크다 보니 관련된 고사성어도 많고, 소설 내용에서 파생된 속담도 다양합니다. 특히 유비와 장비, 조조 등 등장인물의 성격에 맞춘 속담이 많은 편입니다. 예를 들어 만나기만 하면 시비를 걸고 싸우려 드는 사람을 이를 때 쓰는 '장비는 만나면 싸움'이라든지, 잘 우는 사람을 빗대어 만든 '유비냐 울기도 잘한다', 지혜와 지략이 뛰어난 사람을 빗대어 이르는 '제갈량이 왔다가 울고 가겠다' 등의 속담이 많이 알려져 있습니다.

여기서 소개할 것은 '조조는 웃다 망한다'는 속담입니다. 자신만만하며 웃다가 언제 망신을 당할지 모른다는 뜻으로, 그 유명한 적벽대전에 나섰던 조조의 일화에서 비롯되었습니다. 잠깐 내용을 소개하면 다음과 같습니다.

> 중국을 통일할 야심을 품은 조조는 손권의 오나라를 치기 위해 80만 대군을 이끌고 전쟁에 나섰으나, 적벽에서 주유와 제갈량에게 대패하고 맙니다. 얼마 남지 않은 군사를 이끌고 겨우 빠져나온 조조가 숲이 울창하고 험준한 곳에 이르러, 자신이라면 이곳에 군사를 매복시켰을 것이라며 주유와 제갈량의 지략

이 부족하다고 비웃었습니다. 그때 조자룡이 군사를 이끌고 나타나 공격을 해왔습니다. 황급히 도망을 친 조조가 호로구葫蘆口에 이르러 쉬다가 또 그곳에 군사를 매복시키지 않았다며 비웃었습니다. 그 말이 떨어지기 무섭게 장비가 나타나 공격했습니다. 또 간신히 몸을 피한 조조가 화용도華容道를 지나다가, 또 다시 이처럼 험준한 곳에 군사를 몇 백 명만 매복시켜도 적을 사로잡을 수 있겠다며 주유와 제갈량을 비웃었습니다. 그러자 이번에는 관우關羽가 군사와 함께 나타났습니다. 결국 조조는 관우의 의리에 호소하여 간신히 목숨을 부지하고 도망쳤습니다.

이처럼 조조는 번번이 당하면서도 상대의 지략이 부족하다고 비웃기만 하다가 망신을 당하며 목숨까지 잃을 뻔합니다. 이러한 일화에서 위 속담이 생겨났으며, '조조삼소曹操三笑'라는 고사성어로 만들어져 전하기도 합니다.

적벽대전에서 조조가 참패한 것은 사실이나 위 내용은 소설적 재미를 위해 그럴듯하게 만들어서 덧붙였을 겁니다. 또한 소설에서는 조조가 비열하고 한심한 인물로 그려져 있지만 역사 속에서는 매우 뛰어난 인물이었으며 결국 승자의 자리를 차지합니다. 그럼에도 위 이야기를 통해 상대를 무시하면서까지 지나치게 자신감을 갖는 것이 얼마나 교만한 행위인지에 대한 교훈을 얻는 것은 별개의 소득입니다. 『삼국지』가 여전히 많은 사람에게 읽히는 것은 위와 같이 삶의 교훈을 주는 흥미진진한 이야깃거리들을 풍부하게 담고 있기 때문입니다.

죽은 석숭보다 산 돼지가 낫다

죽으면 부귀영화가 다 소용없게 되니 아무리 고생스러워도 죽는 것보다는 사는 것이 낫다는 뜻으로 '죽은 석숭보다 산 돼지가 낫다'는 속담을 씁니다. '죽은 정승이 산 개만 못하다'라든지, '개똥밭에 굴러도 이승이 낫다'는 속담과 같은 뜻이지요.

그렇다면 이 속담에 나오는 석숭이라는 인물은 어떤 사람일까요? 석숭石崇(249~300)은 중국 진晋나라 때의 큰 부자였으며, 중국은 물론 우리나라에서까지 부자의 대명사로 쓰였습니다. 석숭이라는 인물은 형주荊州 지방을 관할하는 자사刺史라는 직책까지 오른 고위 관료로 학문과 시에도 능통했다고 하나, 부자가 된 과정은 그리 정당하지 못했다고 합니다. 상인들의 재산을 강탈하거나 권력자들에 대한 아부를 통해 부를 쌓았다니, 도덕적으로 흠결이 많은 사람이라고 하겠습니다. 그런 방식으로 재산을 모으다 보니 제대로 써야 할 곳에 쓰기보다는 집안을 호화롭게 꾸미는 등 남에게 과시하는 데만 신경을 썼습니다. 시중을 드는 십여 명의 미녀를 항시 대기시켜 놓았다거나 화장실을 지나치게 화려하게 꾸며 집을 방문한 사람들이 화장실에 갔다가 침실인 줄 착각하고 돌아 나오곤 했다는 등의 이야기가 전합니다.

한마디로 방탕과 사치에 물든 부정적인 인물이라고 하겠는데, 그런 까닭에 말로가 좋지 못했습니다. 석숭은 하남성 낙양 서쪽에 금곡원金谷園이라는 별장을 지어 놓고 애첩인 녹주綠珠와 더불어 풍류와 쾌락을 즐겼습니다. 관리와 문인들을 금곡원에 초대해서 주연을 베푸는 일이 잦았으며, 그곳에서 부를 마음껏 과시하곤 했습니다. 그러던 차에 당시의 권력자이던 손수孫秀라는 인물이 녹주를 마음에 두고 자신에게 달라고 했습니다. 석숭은 다른 모든 것은 줄 수 있으나 녹주만은 안 된다며 거절을 했고, 훗날 이에 앙심을 품은 손수의 모함에 의해 죽임을 당했습니다. 당시에 그의 나이 51세였으니, 그리 오래 살지도 못한 셈이지요. 인생무상이라는 말이 이런 경우에 딱 들어맞는다고 하겠습니다.

석숭과 관련해서 '석숭의 재물도 하루아침'이라는 속담이 하나 더 있습니다. 석숭의 재물과 같이 큰 재산도 쉽게 없어진다는 뜻이니, 부귀영화라는 게 얼마나 덧없는지를 알려 주는 말이지요.

예나 지금이나 부자가 훌륭한 인품과 도덕성을 갖추기는 쉽지 않은 모양입니다. 오히려 이기적이고 비도덕적인 경우가 훨씬 많지요. 오죽하면 예수님 말씀에 부자가 천국으로 들어가기는 낙타가 바늘귀를 통과하는 것만큼이나 어렵다는 게 있을까요? 존경받는 부자를 찾기 힘든 것은 우리 모두에게 불행입니다. 남들보다 많은 부를 지닌 사람일수록 석숭과 같은 인물을 반면교사로 삼아 그와 같은 길을 걷지 말아야 하는데, 당장 내일을 내다보지 못하는 어리석음이 눈앞을 흐려 놓는 모양입니다. 이 같은 상황은 부자뿐만 아니라 권력을 지닌 사람들도 마찬가지여서, 화무십일홍花無十日紅의 진리를 깨치지 못합니다. 부와 권력에 대한 탐욕은 자신뿐만 아니라 남들까지도 해친다는 것을 오랜 역사가 증명하고 있는데도 말입니다.

칠년대한에 비 안 오는 날이 없었고 구년장마에 볕 안 드는 날이 없었다

칠년대한七年大旱과 구년지수九年之水라는 말을 많이 씁니다. 칠년대한은 7년 동안이나 내리 계속되는 큰 가뭄을 말하며, 중국 은나라 탕왕 때에 있었던 큰 가뭄에서 비롯된 말입니다. 그리고 구년지수는 오랫동안 계속되는 큰 홍수를 말하며, 중국 요나라 때 9년 동안이나 계속되었다는 큰 홍수에서 나온 말입니다.

칠년대한과 관련해서는 다음과 같은 이야기가 전합니다. 7년간이나 가뭄이 들어 탕왕이 신하에게 점을 치게 하니 사람을 희생물로 삼아 하늘에 제사를 지내야 비가 내릴 것이라 했습니다. 이에 왕이 어찌 죄 없는 백성을 제물로 바칠 것이냐며 자신을 직접 제단에 바치겠노라고 했습니다. 드디어 왕이 제단에 올라 몸을 누이고 불을 붙이려 하자 그 순간 사방 수천 리에 큰비가 내렸다고 합니다.

구년지수는 요임금에 이어 순임금 때까지 장마가 계속되어 산봉우리까지 물바다가 되었는데, 누구도 치수治水에 성공하지 못하다가 우禹에게 일을 맡겼더니 그가 배를 타고 다니며 산을 뚫어 물길을 바다로 돌리고 곳곳에 제방을 쌓아 농지를 만드는 데 성공했다는 이야기에서 나왔습니다. 이러한 공으로 우가 천하를 넘겨받아 하나라의 임금이 되었으며, 그러한 우임금을 일러 흔히 하우씨夏禹氏라고 부릅니다. 이렇듯 고대에는 물을 잘 관리하고 다스리는 치수책治水策이 매우 중요했으며, 그러한 능력으로 왕을 평가하기도 했습니다.

두 이야기는 워낙 중국 고대에 있었던 일이라 마치 전설처럼 전해지고 있으며, 7년이나 9년이라는 것도 꼭 그렇다기보다는 상징적인 숫자일 가능성이 큽니다. 가뭄이나 장마는 으레 일어나는 일이다 보니, 위 이야기가 혹심한 가뭄과 오랜 장마의 상징으로 오래도록 이야기되고 우리나라에까지 퍼지게 된 것입니다.

그 과정에서 '칠년대한에 비 안 오는 날이 없었고 구년장마에 볕 안 드는 날이 없었다'는 말이 속담으로 굳어졌을 것인데, 이 속담은 세상의 모든 일이 궂은일만 계속되는 것은 아님을 빗대어 이르는 말입니다. 실제로 7년 동안 단 하루도 비가 안 내리지는 않았겠지요. 9년 동안 장마여도 역시 잠깐 볕이 든 적도 있긴 있었을 겁니다. 그러니 위 속담은 아무리 어려운 상황이라도 희망을 갖고 살라는 얘기로 받아들이면 되겠습니다.

이 밖에도 칠년대한과 구년지수에 대한 속담이 여럿 있습니다. 오랫동안 애타게 기다리던 것이 이루어짐을 빗대어 이를 때 '칠년대한 단비 온다', '구년지수 해 돋는다'는 속담을 쓴다면, 매우 간절하게 기다리는 모습을 빗대어 이를 때는 '칠년대한에 대우大雨 기다리듯', '구년지수 해 바라듯', '구 년 홍수에 볕 기다리듯'이라는 속담을 씁니다.

칠년대한과 구년지수는 나타나는 기후 현상은 반대지만 둘 다 사람이 살아가기 어려운 환경을 만드는 자연재해라는 공통점이 있습니다. 그래서 속담도 위에 예를 든 것처럼 서로 쌍을 이룹니다. 그런데 가뭄과 장마 중에 어느 게 더 무서울까요? '삼 년 가뭄에는 살아도 석 달 장마에는 못 산다' 혹은 '칠 년 가뭄에는 살아도 석 달 장마에는 못 산다'는 속담이 있는 것으로 보아, 옛날 사람들은 장마나 홍수를 더 무서워했던 모양입니다.

민속·풍습과 관련한 속담

같은 값이면 다홍치마 / 끈 떨어진 망석중 / 남산 소나무를 다 주어도 서캐조롱 장사를 하겠다 / 동상전에 들어갔나 / 봉치에 포도군사 / 부전조개 이 맞듯 / 사탕붕어의 겅둥겅둥이라 / 사흘에 피죽 한 그릇 못 얻어먹은 듯하다 / 섣달 그믐날 개밥 퍼주듯 / 섬 진 놈 멱 진 놈 / 쇠천 샐닢도 없다 / 아닌 밤중에 홍두깨 / 이랑이 고랑 되고 고랑이 이랑 된다 / 장님의 초하룻날 / 정월 대보름 귀머리장군 연 떠나가듯 / 주먹구구에 박 터진다 / 죽기 살기는 시왕전에 매였다 / 천석꾼에 천 가지 걱정 만석꾼에 만 가지 걱정 / 초라니 열은 보아도 능구렁이 하나는 못 본다 / 평양 돌팔매 들어가듯

같은 값이면 다홍치마

지금은 혼례를 치를 때 여자는 주로 흰 드레스를 입지만 옛날에는 녹의홍상綠衣紅裳, 즉 연두저고리에 다홍치마를 입는 게 보통이었습니다. 그래서 갓 시집간 새색시를 다홍치마를 입었다고 해서 '홍색짜리'라고 낮잡아 이르는 말이 생기기도 했습니다. 젊은 처녀들도 다홍치마를 즐겨 입었으며, 그래서 '같은 값이면 다홍치마'라는 속담은 늙은 여자보다는 이왕이면 다홍치마를 입은 젊은 여자가 좋다는 뜻으로 만든 말입니다. 예나 지금이나 이른바 '영계'라고 부르는 젊은 여자들을 찾는 남성들의 못된 심리는 변함이 없는 것 같습니다.

이 속담은 결국 남자들의 엉큼한 속내를 담고 있는 셈인데, 지금은 값이 같거나 같은 노력을 한다면 품질이 좋은 것을 택한다는 말로 쓰입니다. 더 노골적으로 표현해서 '같은 값이면 처녀'라고도 합니다. 또한 같은 의미로 쓰는 '같은 값이면 과부 집 머슴살이'라는 속담 역시 여성을 성적 대상으로 바라보는 관점에서 만들어졌습니다. 과부가 된 것도 서러운 일인데, 여기저기서 성적 욕망의 대상으로 삼으려는 남성들의 시선까지 더해졌으니 과부로 살아가기가 얼마나 힘들었을까요? 아무래도 우리나라가 옛날에는 남성 중심 사회였기 때문에 이런 속담이 만들어질 수 있었을 겁니다.

여성이 이런 속담들의 유래를 들으면 기분 나쁘게 여길 수도 있겠는데, 실은 이보다 더 심한 속담도 있습니다. 바로 '색시 그루는 다홍치마 적에 앉혀야 한다'는 속담입니다. '아내 행실은 다홍치마 때부터 그루를 앉혀야 한다'는 식으로 쓰기도 합니다. 아내나 새 며느리를 길들이고 법도를 세우려면 다홍치마를 입는 새색시 때부터 똑바로 가르쳐야 한다는 말이지요. 여자를 독립된 인격체로 보지 않고 가르치고 버릇을 들여야 하는 대상으로 보는 그릇된 시선이 담겨 있습니다. '마누라와 북어는 사흘에 한 번씩 두들겨 패야 한다'는 말만큼이나 폭력적인 말이지요.

'같은 값이면 다홍치마'와 비슷한 뜻으로 쓰는 속담들이 여럿 있습니다. '같은 값이면 껌정소 잡아먹는다'는 껌정소가 육질이 좋고 맛있다고 해서 만든 속담입니다. '같은 값이면 은가락지 낀 손에 맞으랬다'는 속담도 있습니다. 꾸지람을 듣거나 벌을 받을 경우라도 이왕이면 은가락지를 낀 사람, 즉 덕 있고 이름 있는 사람에게 당하는 것이 좋음을 빗대어 이르는 말입니다.

'이왕이면 창덕궁'이라는 속담 역시 이왕 택할 바에는 나은 쪽을 택한다는 말입니다. 조선 초기에 건축된 창덕궁은 조선시대의 역대 임금들이 거처하며 정사를 돌보던 궁궐입니다. 여러 궁궐 중에서도 으뜸인 곳이지요. 이런 역사성으로 인해 사적 122호로 지정되어 있으며, 1996년에는 유네스코 세계 문화유산으로 지정되기도 했습니다. 이렇듯 여러 궁궐이 있지만 그중에서도 이왕이면 임금이 살고 있는 창덕궁이 좋지 않겠냐는 뜻으로 만든 속담입니다.

같은 조건이라면 좋은 것을 차지하고 싶다는 마음은 모든 사람의 공통된 바람이겠지만, 그 대상을 사람으로까지 연결 지어 생각하는 건 분명 바람직하지 못한 일입니다. 속담이나 말은 그 시대를 반영합니다. 따라서 시대에 맞지 않는 말들은 과감히 버려도 되지 않을까 하는 생각을 해 봅니다. 달리 쓸 수 있는 말이 얼마든지 있으니 말입니다.

끈 떨어진 망석중

우리나라 전래 놀이에 망석중놀이라는 게 있습니다. 옛날에 개성 지방을 중심으로 음력 4월 초파일 연등 행사 때 절이나 마을 광장에서 하던 인형극입니다. 망석중, 노루, 사슴, 잉어, 용 따위의 인형을 공중에 매달아놓고 대사 없이 인형만 움직여서 이야기를 엮어 나가던 놀이입니다. 구경꾼들은 뒤에서 끈을 당기고 늦춤으로써 일어나는 인형들의 다양한 동작을 보며 즐기는 거지요.

이 놀이의 유래에 대해서는 두 가지 설이 있습니다.

우선 황진이와 지족선사가 등장하는 이야기가 전합니다. 황진이는 알다시피 송도, 즉 개성의 유명한 기생으로 미모가 뛰어날 뿐 아니라 시가에도 능한 인물이었습니다. 그래서 오로지 서경덕을 제외한 뭇 남자들이 황진이 앞에서는 맥을 못 추었다고 하지요. 지족선사는 10년 동안 면벽수도를 할 정도로 당대에 이름을 떨친 선승禪僧이었다고 합니다. 이 소문을 들은 황진이가 지족선사를 찾아가서 유혹을 했고, 결국 지족선사는 황진이의 품에 안김으로써 파계를 하고 맙니다. 파계승인 지족선사를 조롱하기 위해서 만든 놀이가 바로 망석중놀이라고 하며, 이 설이 가장 널리 알려져 있습니다.

두 번째는 지족선사가 불공 비용을 만 석이나 받아먹곤 해서 그러한 욕심 많은 행위를 비꼬기 위해 시작했다는 설이 있습니다. 두 가지 설 모두 지족선사와 관련이 있으며, 이름만 높은 선승을 풍자하기 위해 만든 놀이라는 공통점이 있습니다. 아마도 당대에 이름만 번지르르하고 실제로는 불도佛道를 망각한 지족선사와 같은 중들이 있어, 그들의 이중적인 행태를 꾸짖기 위해 만든 놀이가 아닐까 합니다. 조선시대에 행해진 억불정책 때문인지는 몰라도 우리말에 보면 중을 비하하는 말들이 많은데, 망석중놀이 또한 그런 흐름과 어

느 정도 관련이 있을지도 모르겠다는 생각도 해 봅니다.

이 놀이에 나오는 망석중은 머리는 바가지로 만들었고, 몸체와 팔다리는 나무로 만들었습니다. 이 몸체와 팔다리에 가는 줄을 매단 다음 뒤에서 그 줄을 당기면 춤을 추는 모습을 연출하게 됩니다. 일종의 꼭두각시인 셈입니다. 그런데 만일 놀이를 하다 줄이 끊어지면 어떻게 되겠습니까? 뒤에서 조종을 할 수 없으니 망석중이 더는 춤을 출 수 없게 되겠지요. 그래서 '끈 떨어진 망석중'이라고 하면 의지할 곳이 없어 어찌할 바를 모르는 사람을 가리키거나, 물건이 못 쓰게 되었을 때 혹은 일이 그만 허사로 돌아가게 되었을 때 쓰는 속담입니다.

망석중은 '망석중이'라고도 하며, 때로는 '만석중'이라 부르기도 합니다. 그리고 이 속담은 '끈 떨어진 뒤웅박', '끈 떨어진 갓', '끈 떨어진 둥우리'처럼 변형되어 쓰이기도 합니다. 모두 끈이 달린 물건이라는 공통점이 있어 그런 변형이 생겨났을 겁니다. 이러한 예는 얼마든지 찾아볼 수 있는데, 이처럼 우리 속담은 하나의 원형을 다양하게 변형해서 유통시키는 특징을 지니고 있습니다.

또한 '망석중 놀리듯 한다'는 속담도 있는데, 이는 남을 지나치게 희롱한다는 뜻으로 씁니다. 놀이를 하는 사람이 뒤에서 망석중 인형을 마음대로 조종하듯이 사람을 함부로 갖고 논다는 뜻으로 만든 속담입니다.

남산 소나무를 다 주어도 서캐조롱 장사를 하겠다

조롱은 어린아이들이 액막이로 주머니 끈이나 옷끈에 차는 물건을 말합니다. 나무로 밤톨만 하게 호리병 모양을 만들어 붉은 물을 들이고 그 허리에 끈을 매어 끝에 엽전을 단 것으로, 동짓날부터 차고 다니다가 이듬해 음력 정월 열나흗날 밤에 제웅을 가지러 다니는 아이들에게 줍니다.

제웅은 짚으로 만든 사람 모양의 물건을 말합니다. 음력 정월 열나흗날 저녁에 제웅 안에 동전 몇 푼을 넣은 다음 길가에 버림으로써 그해의 액을 막는 민속의식을 치르곤 했습니다.

남자아이들이 차는 것을 '말조롱', 여자아이가 차는 것은 '서캐조롱'이라고 합니다. '말'은 큰 것을 가리킬 때 쓰는 접두어입니다. '말벌'이라든지 '말매미' 처럼 쓰곤 합니다. 서캐조롱은 말조롱보다 작은데, 콩알만 한 호리병 모양의 나뭇조각 세 개를 같이 엮고 끝에 돈을 매답니다. 그리고 나뭇조각 가운데 위아래의 두 개는 붉게, 가운데의 것은 노랗게 물들입니다.

서캐는 '이虱의 알'을 가리키는 말입니다. 이도 작은데, 그 알은 얼마나 작겠습니까? 눈에 잘 띄지도 않을 정도입니다. 여자아이들이 차는 조롱의 크기가 작다고 하여 서캐조롱이라는 이름을 붙였는데, 하필이면 서캐를 끌어다 붙인 데서 여자들을 천시하던 옛사람들의 의식을 짐작해 볼 수도 있겠습니다.

서캐와 관련해서는 '서캐 훑듯'이라는 속담이 있습니다. 이들이 머리에 슬어 놓은 서캐를 일일이 손으로 잡으려면 무척 힘이 듭니다. 그래서 서캐를 잡을 때면 올이 촘촘한 참빗으로 머리를 훑어 내리던 데서 온 말로, 하나도 빠뜨리지 않고 샅샅이 뒤져 조사하는 경우를 빗대어 이릅니다.

'남산 소나무를 다 주어도 서캐조롱 장사를 하겠다'는 속담이 있습니다. 남산의 소나무를 다 주어도 고작 서캐조롱 장사밖에 못 한다는 뜻으로, 소견이 몹시 좁음을 빗대어 이르는 속담입니다.

애국가에도 등장할 만큼 남산에는 소나무가 많지요. 남산에 유독 소나무가 많은 이유는 여러 가지가 있는데, 우선 소나무가 자라기에 알맞은 토양을 갖추고 있다고 하는군요. 그리고 예로부터 한겨울에도 푸른빛을 자랑하는 소나무의 기상을 사랑했거니와, 조정에서 소나무 심기를 권장하고 특히 남산에 있는 소나무를 함부로 베지 못하도록 했기 때문이라고 합니다.

소나무를 베어다 집 지을 때 쓰는 서까래 같은 걸 만들어 팔면 큰돈을 벌 수 있겠지요. 그런데 말조롱도 아니고 고작 콩알만 한 서캐조롱을 만들어 파는 장사를 할 정도라니, 얼마나 소심하고 통이 작으면 그럴까요? 실제로 그렇게 어리석은 행동을 할 사람은 거의 없겠지만, 그렇듯 한심한 인간을 곯려 먹을 때 쓰려고 재미있게 만든 속담입니다.

지금은 서캐조롱은커녕 조롱을 구경조차 하기 힘드니 서캐조롱 장사도 있을 리가 없습니다. 다만 속담만이 남아 그 옛날의 풍습을 짐작하게 해줍니다.

동상전에 들어갔나

먼저 말을 해야 할 경우에 말없이 그저 웃기만 하는 사람이 있을 때 '동상전에 들어갔나'라는 속담을 씁니다. 동상전東床廛은 예전에, 서울 종로의 종각 뒤에서 재래식 잡화를 팔던 가게입니다. 그렇다면 누가 무슨 일로 동상전에 들어갔으며, 들어가서 왜 말없이 웃기만 했기에 이런 속담이 생겼을까요?

조선시대 궁궐에서 왕과 왕비를 가까이서 모시던 여자들을 나인內人이라고 했습니다. 우리가 흔히 궁녀라고 부르는 사람들이지요. 이들에게는 엄한 규칙이 있어 내시라고 부르는 환관宦官 이외의 남자와는 절대로 접촉하지 못하며, 평생을 남자와 결혼하지 않고 살아야 했습니다. 간혹 왕의 눈에 들어 후궁이 되는 경우도 있었으나, 그런 일은 하늘의 별 따기만큼이나 드문 일이었지요.

어린 나이에 궁궐에 들어가 평생을 살아야 하는 나인의 삶은 고달프기 짝이 없었을 겁니다. 무엇보다도 남자와 전혀 접촉을 할 수 없는 처지다 보니, 그로 인한 외로움을 달랠 길이 없었겠지요. 남녀가 서로 좋아하고 마음이 맞으면 함께 살도록 한 것은 하늘이 정해 준 이치인데, 그러한 이치에 따를 수 없는 삶은 반쪽짜리 삶이었을 겁니다. 신체나 정신에 특별한 이상이 없는 사람이라면 누구나 이성에 대한 호기심과 육체적인 접촉에 대한 욕망을 지니기 마련이고, 이러한 욕망을 정상적으로 풀어 낼 길이 없으면 다른 방법을 찾게 될 겁니다. 그래서 나인들 사이에 서로 짝을 지어 동성애 관계로 지내는 경우도 드물지 않았다고 합니다.

다른 한편 나인들이 성욕을 풀기 위한 방법으로 특별한 기구를 사용하기도 했다는데, 그게 바로 각좆이라고 하는 물건이었습니다. 이것은 뿔 따위로 남자 생식기처럼 만든 물건을 말합니다. 뿔의 속을 파낸 다음 풀솜으로 채우고 더운 물에 담가서 쓰면 부드러운 탄력이 생긴다고 합니다. 조선 후기에 퇴역한 나인들을 경희궁에 모아서 지내게 했는데, 나중에 궁을 철거할 때 이 물건이 여러 개 나와 외국인 수집가들의 호기심을 자아냈다는 이야기도 있습니다.

나인들이 이러한 물건을 구하러 궁궐 밖으로 직접 나올 수가 없기 때문에 친정 사람이나 친척을 시켜 종로 뒷골목에 있는 동상전에서 사오도록 했다고 합니다. 이곳은 잡화상이기에 생활에 필요한 갖가지 물건이 있었으며, 때로는 은밀한 물건까지도 취급을 했습니다. 그래서 각좆을 사러 온 여인네가 말없이 웃으며 돈을 건네면 주인이 무얼 원하는지 알아채고 물건을 내주었다고 하는군요. 차마 입으로 물건 이름을 내어 말을 할 수 없었기에 눈치로 거래가 이루어졌던 셈이지요. 이러한 까닭에서 생겨난 속담이 바로 '동상전에 들어갔나' 입니다.

이 속담은 야릇한 상상을 불러일으키기도 하지만, 실은 한평생 궁중 나인으로 지내야 했던 여인들의 한과 슬픔이 밑자락에 깔려 있습니다. 인간의 본능이란 억지로 누른다고 해서 눌러지는 것이 아니므로, 이러한 방법으로라도 풀지 않으면 견뎌낼 길이 없었을 테지요. 봉건 왕조 시대에 여인들에게 가해진 억압의 한 단면을 엿볼 수 있는 속담이라고 하겠습니다.

봉치에 포도군사

중요한 행사에 초대받지 않은 사람이 와서 훼방을 놓는다면 참 골치 아프겠지요. 그럴 때 '봉치에 포도군사'라는 속담을 쓰면 제격입니다. 이 속담은 연회나 기타의 장소에 전연 관계없는 사람이 끼어드는 경우를 비유해서 이르는 말입니다.

봉치는 혼인 전에 신랑 집에서 신부 집으로 채단采緞과 예장禮狀을 보내는 일, 또는 그 채단과 예장을 말합니다. 채단이란 혼인 때에 신랑 집에서 신부 집으로 미리 보내는 푸른색과 붉은색의 비단을 말하며, 치마나 저고릿감으로 씁니다. 그리고 예장이란 혼서婚書라고도 하는데, 혼인할 때에 신랑 집에서 예단과 함께 신부 집으로 보내는 편지입니다. 따라서 봉치란 요즘 말로 하면 함을 보내는 걸 말하지요. 그런데 신랑 집에서 신부 집에 구혼하는 경사스러운 일에 포도청의 군사가 나타난다면, 이보다 더 당황스럽고 불쾌한 일이 어디 있겠습니까?

요즘에는 이 '봉치'라는 말을 잘 안 쓰지만 문학작품에서는 더러 찾아볼 수 있습니다.

> 함이나 하나 가지고 올 것이지 맨손으로 오는 법이 어디 있나. 봉치는 지금 와서 말했자 소용없지만 첫날밤은 치러야 하네. — 홍명희, 『임꺽정』

> 청, 홍 양단 치맛감을 끊어서 함에 담아서 봉치 치행을 보낸 뒤에, 이튿날 신랑은 백마를 타고 신부 집으로 가서 화려한 대사를 치렀다.
>
> — 박종화, 『임진왜란』

봉치는 봉채封采 혹은 봉차封茶라는 말에서 변한 것인데, 원래는 작은 비단 주머니에 차를 담아서 보내던 풍속에서 왔다고 합니다. 차나무는 그 성질이 반드시 씨앗으로 심어야만 자라고, 나무의 뿌리가 2~4미터 정도로 깊게 내리는 데다 잔뿌리가 없어 옮겨 심으면 자라지 않는다고 합니다. 그래서 차나무처럼 한번 결혼하면 절대로 변치 말고 오래도록 함께 살기를 바라는 뜻을 담고 있었답니다. 또한 씨앗을 따로따로 심어도 이것이 한 나무로 합해 나오는 데서 유래되었다고도 하고, 씨앗이 무성해 자손이 융성하기를 바라는 뜻도 담겨 있었다고 하는군요. 결국 신랑 신부가 행복하게 잘 살기를 바라는 마음이 들어 있다고 하겠습니다.

함을 주고받을 때는 봉치떡을 합니다. 봉치떡은 찹쌀 석 되와 팥 한 되를 써서 두 켜만 올려 찌어야 합니다. 두 켜만 올리는 이유는 서로 다른 두 사람이 만나서 합한다는 뜻을 나타내기 때문입니다. 봉치떡에 박혀 있는 대추와 밤은 각각 아들과 딸을 뜻하기 때문에 꼭 신부가 먹어야 하고, 나머지 떡은 식구들끼리 나누어 먹습니다. 다만 봉치떡은 복떡이라고 해서 절대로 집 밖으로 내보내면 안 됩니다. 그리고 칼을 쓰지 않고 주발 뚜껑으로 도려내야 한다고도 합니다.

옛날 풍습이야 이미 사라지고 없지만, 그리고 지금에 와서 복원할 수도 없지만, 그러한 풍습에 담겨 있는, 즉 신랑 신부가 잘살기를 기원하는 마음만큼은 잊지 말고 기억해야겠습니다.

부전조개 이 맞듯

'부전조개'라는 게 있습니다. 처음에는 여러 조개 무리 중 하나를 가리키는 이름인 줄 알았으나 사전을 찾아보니 그게 아니었습니다. '부전'이라는 말을 사전에서 찾으니, 예전에 여자아이들이 차던 노리개의 하나라는 설명이 나오는군요. 그러면서 색 헝겊을 둥근 모양이나 병 모양으로 만들어서 두 쪽을 맞대고 수를 놓기도 하고 다른 빛의 헝겊으로 알록달록하게 대기도 하여 끈을 매어 차고 다녔다는 설명이 이어집니다. 그리고 부전조개 항목에서는 조개껍데기를 이용해서 만든 부전을 뜻하는 말이라고 풀이되어 있습니다. 모시조개나 제비조개 따위의 껍데기 두 짝을 서로 맞추어서 온갖 빛깔의 헝겊으로 알록달록하게 바르고 끈을 달아 허리띠 같은 곳에 차는 것을 이른다는군요.

예전에는 정초에 어린이에게 복주머니를 매어 주곤 했습니다. 그 속에 쌀·깨·조·팥 따위 곡식을 넣어 아이들의 옷고름에 매어 주는데, 계집아이에게는 부전을, 사내아이에게는 필낭筆囊(붓을 넣어 차고 다니는 주머니)을 함께 달아 주기도 했다고 합니다. 부전조개라는 노리개는 아예 사라지다시피 했고, 이제는 복주머니를 달고 다니는 풍습도 거의 자취를 감추었습니다. 그러니 부전조개를 살아 있는 조개로 오해할 만도 하지요.

'부전조개 이 맞듯'이라는 속담이 있습니다. 부전조개의 두 짝이 빈틈없이 들어맞는 것과 같다는 뜻으로, 사물이 서로 꼭 들어맞거나 의가 좋은 모양을 빗대어 이르는 말입니다. '부전조개'를 달리 '조개부전'이라고도 하며, 속담 역시 '조개부전 이 맞듯'이라고도 합니다. '조개부전'이라고 부르는 게 사물과 이름이 서로 헛갈리지 않도록 하는 방법이 아닐까 합니다.

'부전'이라는 말이 들어가는 이름에 '부전나비'라는 게 있습니다. 이 말은 나비의 모습이 부전을 닮았다고 해서 붙인 이름입니다. 한국 나비의 아버지라고 일컫는 석주명石桂明(1908~1950)의 글에 이에 대한 설명이 나와 있습니다. 석주명은 짧은 생애 동안 60만 마리가 넘은 나비를 채집 관찰한 다음 이를 바탕으로 많은 논문을 써 내어 우리나라 나비 연구에 커다란 기여를 했습니다. 석주명이 1947년에 한국 나비의 이름을 정리하여 『조선 나비 이름 유래기』라는 책을 펴냈는데, 거기에 다음과 같은 내용이 나옵니다. "부전이란 사진틀 같은 것을 걸 때 아래에 끼우는 작은 방석의 역할을 하는 삼각형의 색채 있는 장식물이다." 이어서 "부전나비라고 한 것은 그 형태를 잘 표현한 것으로 선배의 명작이다"라고 하여 이미 다른 사람이 부전나비라는 이름을 붙여 준 것임을 알 수 있습니다.

그런데 사전에서 부전의 낱말 풀이를 찾으면 석주명이 말한 내용이 나오지 않습니다. 공통점이라면 '색채 있는 장식물' 정도입니다. 미루어 짐작하건대 부전이 꼭 여자아이들이 허리춤에 차고 다니는 노리개만을 뜻하는 것은 아니었으며, 그와 비슷한 형태의 여러 물건을 두루 이르던 말이었던 게 아닌가 싶습니다. 하여간 부전나비는 부전처럼 작고 귀엽게 생긴 나비를 통칭하는 이름임은 분명합니다.

한편 부전이 들어가는 이름들이 더 있습니다. 부전자작나무, 부전송이풀, 부전반디처럼 주로 식물 이름에 쓰이는데, 이때의 부전은 위에서 설명한 부전과 아무런 관계가 없습니다. 함경남도에 있는 부전고원 일대에서 주로 발견된다고 하여 그런 이름이 붙은 것입니다.

사탕붕어의 겅둥겅둥이라

붕어는 우리나라 민물에 사는 대표적인 물고기로, 참붕어니 떡붕어니 해서 그 종류도 참 많습니다. 그렇다면 사탕붕어란 어떤 종류의 붕어를 말하는 걸까요? 결론부터 말하면 사탕붕어는 물고기의 종류를 나타내는 이름이 아닙니다. 곡식의 가루를 이용해 붕어 모양으로 만든, 속이 빈 강정이나 과자를 이르는 말이지요. 달리 '붕어사탕'이라고도 하며, 마치 '부전조개'와 '조개부전'을 함께 사용하는 경우와 마찬가지 형태라고 보면 되겠습니다. 쉬운 말로 그냥 '붕어과자'라고도 부르는데, 이 말이 대상을 이해하는 데는 훨씬 적합한 듯합니다. 붕어빵에 붕어가 들어 있지 않듯, 사탕붕어에도 붕어가 들어 있지 않습니다. 그리고 엄밀히 따지자면 사탕이라기보다는 과자에 가까운데, 굳이 사탕이란 말을 끌어다 붙인 이유를 잘 모르겠습니다. 아마도 설탕물로 반죽을 해서 만들었기 때문에 그런 게 아닐까 하는 짐작을 해 봅니다. '붕어과자'라는 말은 과자를 뜻하기도 하지만 가진 것이 없거나 속이 텅 빈 사람을 빗대어 이를 때도 씁니다.

'사탕붕어의 겅둥겅둥이라'라는 속담을 처음 접했을 때 참 재미있는 속담이라고 생각하면서도 무슨 뜻인지 몰라 고개를 갸웃거렸습니다. 사탕붕어를 붕어의 종류라고만 생각했으니 그럴 수밖에 없지요. 사전을 찾아보고 나서야 그 뜻을 알고 무릎을 쳤습니다. 이 속담은 속이 빈 사탕붕어처럼 몸에 한 푼도 돈을 지니지 않았음을 빗대어 이르는 말입니다. '빈털터리'와 비슷한 뜻으로 쓰는 속담이라고 하겠습니다. '겅둥겅둥'은 긴 다리로 계속해서 치신없이 거볍게 뛰는 모양 혹은 침착하지 못하고 치신없이 경솔하게 행동하는 모양을 이르는 부사어입니다. '거볍다'는 '가볍다'와 '치신'은 '체신'과 같이 쓰는 말로 사전에 올라 있습니다.

사탕붕어와 강정이 비슷한 종류의 과자이므로, 이왕이면 '속 빈 강정'이라는 속담도 함께 알아보도록 하지요. 워낙 많이 쓰는 속담이라 '겉만 그럴듯하고 실속이 없음'을 나타내는 말이라는 건 잘 알고 있을 겁니다. 그런데 같은 뜻으로 쓰는 속담에 '속 빈 강정의 잉어등 같다'는 게 있다는 사실을 아는 사람은 많지 않습니다. 잉어등은 사월 초파일에 등대에 매다는 잉어 모양의 등으로 종이나 얇은 생사 따위로 만듭니다. 강정을 예쁘게 꾸민답시고 그 위에 잉어등을 매달아 보아야 속이 빈 과자라는 사실은 변함이 없겠지요. 강정이 말을 알아듣는다면 기분 나빠할 속담임에 분명합니다. 비록 속은 비었지만 맛은 매우 좋아 지금도 사람들이 즐겨 찾는 전통과자의 하나가 분명하니까요.

속담을 찾아보면 재미있는 게 많습니다. 그중에는 요즘 사람들이 거의 안 쓰는 것도 있지요. 위 속담도 그렇습니다. 사탕붕어라는 이름의 과자를 구경조차 해 본 적이 없으니, 위 속담의 뜻을 선뜻 이해하기란 쉽지 않습니다. 하지만 속담에라도 이름이 살아 있다는 건 다행스러운 일입니다. 말은 기억의 저장고입니다. 기억이 풍부할수록 삶이 풍부해진다는 사실을 생각할 때 사라져 가는 말들을 붙잡아 두기 위한 관심과 노력이 소중하다고 하겠습니다.

사흘에 피죽 한 그릇도 못 얻어먹은 듯하다

피는 볏과의 한해살이풀을 말하는데, 아시아 지역의 습지에서 잘 자랍니다. 논에서 자라는 피는 그때그때 뽑아 줘야 하는데, 피는 벼에게 돌아갈 양분을 앗아가 벼가 자라는 데 방해가 되기 때문입니다. 논에서 피를 뽑는 일을 피사리라고 하며, 여름철에 하는 논일 중에서 으뜸이 피사리입니다. 도시에서 자란 대학생들이 여름방학에 농촌봉사활동을 갔다가 논에서 뽑으라는 피는 안 뽑고 벼를 대신 뽑아냈다는 식의 이야기를 많이 들어 보았을 겁니다.

그렇다면 피는 아무짝에도 쓸모없는 잡초일 뿐일까요? 보는 즉시 뽑아 버리니 그렇게 생각할 법도 합니다. 하지만 피도 엄연한 곡물의 한 종류이며, 따로 재배를 하기도 했습니다. 실제로 함경북도 회령의 오동에 있는 유적지에서 불에 탄 피가 출토된 것으로 미루어 농경시대 초기부터 피를 재배했다는 것을 알 수 있습니다. 여러 역사서들에 피를 재배했다는 기록이 많이 남아 있으며, 지리산 골짜기에 있는 '피아골'이라는 지명도 피와 관련이 있습니다. 피를 길러 먹던 곳이라고 해서 '피밭골'이라고 하던 것이 차츰 변해서 지금처럼 부르게 되었다는군요. 그러므로 한국전쟁 당시 지리산에 숨어 살던 빨치산들과 격렬한 전투를 벌여 피로 물든 곳이라고 해서 피아골이라고 했다는 것은 잘못 알려진 사실입니다.

이렇듯 피는 오랫동안 곡물로 재배를 해 왔으나 지금은 재배를 하는 곳이 거의 없습니다. 피는 쌀이나 보리와 비교해도 영양에 손색이 없으나 맛이 덜하고 소화가 잘 되지 않기 때문입니다. 그래서 기본 작물이라기보다는 구황작물로 그 구실을 이어 왔습니다. 피는 벼가 자라기 힘든 산간지방에서도 잘 자라는 데다 가뭄에도 강합니다. 이러한 사실을 알려 주는 속담이 '사흘에 피죽

한 그릇도 못 얻어먹은 듯하다'입니다. '사흘에 한 끼도 못 먹은 듯하다'는 뜻으로, 야위고 힘이 없어 보이는 사람을 가리킬 때 쓰는 속담입니다. '피죽'은 피로 쑨 죽을 말하는데, 가뭄이 들어 먹을 게 없을 때면 피 열매를 훑어다가 죽을 끓여먹곤 했음을 짐작할 수 있습니다.

피는 보통 밥에 섞어 먹거나 떡이나 엿을 만들 때 사용했으며, 간장·된장·술 등의 원료로 쓰였다고도 합니다. 그리고 줄기와 잎은 말과 같은 가축의 사료로 이용되었다고 하니 퍽 쓸모가 있었던 곡물이라고 하겠습니다. 그러니 논에서 뽑아 버리는 피라고 해서 함부로 무시한다면 피로서는 억울한 법도 합니다.

피와 관련해서 '피죽바람'이라는 말이 따로 사전에 올라 있습니다. 피죽도 먹기 어렵게 흉년이 들 바람이라는 뜻으로, 모낼 무렵 오래 계속하여 부는 아침 동풍과 저녁 북서풍을 이르는 말입니다. 또한 '피죽새'라는 새도 있습니다. 밤꾀꼬리를 달리 부르는 이름인데, 밤이 되면 배고픈 사람처럼 구슬피 운다고 해서 그런 이름이 붙었다고 합니다. 그러고 보면 '피죽'은 배를 곯을 정도로 어렵게 살았던 옛사람들의 설움과 한이 맺혀 있는 말이라고 하겠습니다.

섣달 그믐날 개밥 퍼 주듯

개는 사람과 가장 친한 동물 중 하나입니다. 매우 오래전부터 사람과 함께 살았으며, 집을 지키거나 사람을 도와 사냥을 하는 등 사람을 잘 따르고 충직합니다. 하지만 개와 관련된 말을 찾아보면 개를 업신여기는 내용이 많으며 욕설에도 자주 등장을 합니다. 개가 들으면 참 억울해할 노릇일 겁니다.

많은 속담 중에 '개 보름 쇠듯 한다'는 속담을 살펴보지요. 남들은 다 잘 먹고 지내는 명절 같은 날에 제대로 먹지도 못하고 지냄을 빗대어 이르는 말입니다. 보름은 정월 대보름을 말하는데, 이날은 집집마다 오곡밥을 지어 먹고 밤에는 보름달을 보며 소원을 비는 큰 명절입니다. 이렇듯 좋은 명절에 개에게는 하루 종일 먹을 것을 주지 않고 굶겼다고 합니다. 그 이유로는 설이 여러 가지 있으나, 가장 많이 알려지고 널리 인정받는 설은 이렇습니다. 『동국세시기東國歲時記』에 따르면 우리나라의 옛 선조들은 정월 보름에 개에게 먹이를 주면 여름에 개의 몸에 파리가 많이 꾀고 몸이 비쩍 마른다고 믿었답니다. 그래서 개의 건강을 위해 일부러 묶어 두고 먹을 것을 주지 않았다는 겁니다. 과학적인 근거에 바탕을 둔 풍습은 아니었겠으나, 당시에는 그런 믿음이 강했으니 무어라 할 수도 없는 일입니다. 어쨌거나 아무것도 모르는 개들은 보름날만 되면 쫄쫄 굶어야 했으니, 무척이나 보름날이 원망스러웠겠지요.

하지만 '복날 개 패듯'이라는 속담에 비하면 하루쯤 굶는 거야 아무것도 아니었을 겁니다. 복날 개장국으로 끓여지기 위해 나무에 매달린 채 몽둥이로 숨이 끊어질 때까지 두들겨 맞아야 했으니, 보름날보다 복날이 개들에게는 더욱 참혹한 날이 아닐 수 없었습니다. 더구나 보름날에야 개를 위한다는 명분이라도 있었지만, 복날은 오로지 인간의 탐욕을 위해 개를 희생시켰으니, 변

명할 거리도 없이 사람의 잔인함이 도드라진 속담이라고 하겠습니다. 좋은 육질을 얻기 위해서 무지막지하게 몽둥이를 휘두르는 사람들에게 속된 말로 '개만도 못한 사람들'이라고 해도 크게 할 말은 없을 겁니다. 요즘은 그런 잔인한 방식 대신 고통을 줄여 주기 위해 전기충격기 같은 걸 사용한다는데, 그나마 나아진 거라고 해야 하는지 모르겠습니다.

그렇다면 개는 늘 이렇게 당하기만 하고 살았을까요? 개가 마음껏 밥을 먹을 수 있는 날은 없었을까요? 속담을 찾아보니 '섣달 그믐날 개밥 퍼 주듯'이라는 게 있습니다. 시집을 못 가고 해를 넘기게 된 노처녀가 홧김에 개밥을 푹푹 퍼 준다는 뜻으로, 무엇을 너무 많이 헤프게 퍼 주는 경우를 빗대어 이르는 말입니다. 참 재미있는 속담이지요. 노처녀의 화풀이가 개를 발로 걷어차거나 하는 그릇된 데로 가지 않고 개에게 축복을 베푸는 쪽으로 갔으니, 개에게는 이날이 명절이나 다름없겠군요. 물론 노처녀를 주인으로 둔 개에게만 해당하겠지만 말입니다.

하지만 개에게 축복이 되는 이날은 흰떡이 수난을 당하는 날이기도 합니다. '섣달 그믐날 흰떡 맞듯'이라는 속담이 있는데, 이는 섣달 그믐날에 흰떡이 떡메에 맞는다는 뜻으로, 몹시 두들겨 맞는 모습을 빗대어 이르는 말입니다. 흰떡이야 살아 있는 생명체는 아니니, 아무리 떡메로 심하게 맞는다 해도 억울해하지는 않겠지요.

섬 진 놈 멱 진 놈

'여러 방면에서 모여든, 탐탁하지 못한 사람들을 통틀어 낮잡아 이르는 말'을 '어중이떠중이'라고 합니다. 이 말은 '어느 쪽에도 속하지 아니하며 태도가 분명하지 아니한 사람 혹은 제대로 할 줄 아는 것이 별로 없어 쓸모가 없는 사람'을 가리키는 '어중이'에 별 뜻이 없는 '떠중이'를 붙여서 만든 말입니다.

'어중이떠중이'처럼 쓰는 속담에 '섬 진 놈 멱 진 놈'이라는 게 있습니다. 섬과 멱을 바꾸어 '멱 진 놈 섬 진 놈'이라고도 합니다. 그런데 이 속담에 나오는 '섬'과 '멱'이 무엇을 가리키는지 정확히 알고 있는 사람이 얼마나 될까요? 시골 사람들도 정확히 이해하고 구분하는 사람이 드물 겁니다.

'섬'은 곡식 따위를 담기 위하여 짚으로 엮어 만든 그릇을 말합니다. '멱'은 다른 말로 '멱서리'라고도 하며, 짚으로 날을 촘촘히 결어서 만든 그릇의 하나로 주로 곡식을 담는 데 씁니다. 멱과 비슷한 물건으로 '멱둥구미'라는 것도 있으며, 이것은 멱에 비해 둥근 모양을 하고 있습니다. 곡식을 담기 위해 짚으로 엮어 만들었다는 점에서 서로 비슷한 물건들인데, 멱에 비해 섬이 부피가 큽니다. '멱'이라는 말은 거의 사라지고 말았지만, 섬은 '쌀 한 섬, 두 섬……' 할 때처럼 부피의 단위를 나타내는 명칭으로 살아남아 있습니다. 장에 가는데 멱을 지고 나온 놈도 있고 섬을 지고 나온 놈도 있듯이, 여러 종류의 사람이 모여든 상황을 빗대어 만든 속담이라고 하겠습니다.

우리나라는 예로부터 농경사회였기 때문에 멱이나 섬처럼 곡식을 담는 용기가 생활필수품이었습니다. 그리고 벼농사를 주로 지었으므로 짚이 풍부하여 짚으로 만든 용기가 발달하기도 했습니다. 지금은 비록 그런 물건들이 우리 곁에서 자취를 감추고 있지만, 속담에는 그런 물건을 가리키는 말이 여전히 살아 있습니다. 그런 면에서 볼 때 물건보다 말이 더 생명이 길다는 것을 알 수 있지요. 그중 몇 가지 속담을 소개합니다.

'섬 속에서 소 잡아먹겠다'는 속담이 있습니다. 언뜻 들으면 섬이 사방이 물로 둘러싸인 땅을 가리키는 것으로 오해할 수 있겠는데, 여기서는 그 섬이 아니라 곡식을 담는 섬입니다. 짚으로 만든 섬 안에 소가 들어갈 수는 없는 노릇이지요. 그래서 이 속담은 곡식을 담는 작은 섬 속에서 큰 소를 잡아먹겠다는 뜻으로, 하는 짓이 옹졸하고 답답하며 근시안적임을 빗대어 이르는 말입니다.

'섬 틈에 오쟁이 끼겠나'는 속담은 볏섬을 쌓고 그 사이사이에 또 오쟁이까지 끼워 둘 셈이냐는 뜻으로, 재산 있는 사람이 더 무섭게 재물을 아끼고 탐하는 경우를 빗대어 이르는 말입니다. 그렇다면 오쟁이는 또 어떤 물건일까요? 오쟁이는 짚으로 만든 작은 섬을 가리킵니다. 곡식 창고에 섬을 쌓다 보면 옆에 쌓은 섬과 맞닿은 곳에 틈새가 생기기 마련인데, 그 좁은 곳에까지 오쟁이에 곡식을 담아서 끼워 두겠다고 하니 욕심도 참으로 크다 하겠습니다.

이처럼 섬과 멱, 오쟁이처럼 용도는 비슷해도 크기나 모양이 다른 물건이 여럿 있었고, 그에 따른 이름도 제각각이었던 걸 알 수 있습니다. 물건 하나하나에 서로 다른 이름을 붙여 주었던 옛 어른들의 마음씀씀이를 한 번쯤 헤아려 보는 것도 좋을 듯합니다.

쇠천 샐닢도 없다

주머니에 돈이 없음을 이를 때 '쇠천 샐닢도 없다'는 속담을 씁니다. '땡전 한 푼 없다'고 하는 것과 통하는 말이지요. 이때 쇠천과 샐닢은 참 낯선 말인데 과연 무엇을 뜻하는 말일까요?

쇠천은 '소전小錢'을 속되게 이르는 말입니다. 소전은 중국 청나라 때에 쓰던 동전인데 우리나라 사람들이 비공식적으로 들여와 사용을 했습니다. 그리고 '샐닢'은 쇠천 반 푼이라는 뜻으로, 매우 적은 액수의 돈을 이르는 말입니다.

이 속담과 같은 뜻으로 쓰는 것들에 '피천 샐닢 없다', '피천 한 닢 없다', '피천 대 푼도 없다', '피천 반 푼도 없다' 등의 속담이 있습니다. 조금씩 차이는 있지만 거의 비슷비슷한 표현이지요. 이때 피천은 '노린동전' 혹은 '노린전'이라고도 하는데, 매우 적은 액수의 돈을 말합니다.

쇠천과 피천이라는 낱말에서 '천'은 분명 돈을 가리키는 '전錢'에서 왔을 텐데, 왜 '천'이라고 발음하게 되었을까요? 전錢을 중국에서는 '첸'으로 발음을 하는데, 이 발음을 따라 하다 보니 천이 된 것입니다, 우리가 흔히 '한 밑천 잡는다'고 할 때의 '밑천' 같은 낱말도 같은 경우라고 하겠습니다. 그래서 밑천이라고 할 때는 '천'을 쓰고 본전이라고 할 때는 그냥 '전'을 쓰는 것은 중국 발음을 빌려 쓰느냐, 그냥 우리 발음대로 하느냐의 차이에서 비롯된 것입니다.

'소전 뒤 글자 같다' 혹은 '쇠천 뒤 글자 같다'는 속담이 있는 것으로 보아 소전은 중국에서 들여온 동전이지만 우리나라에서 제법 널리 유통된 듯합니다. 이 속담은 소전의 글자가 닳아 제대로 알아보지 못하게 된 것 같다는 뜻으로, 남의 심중을 잘 알 수 없는 경우를 빗대어 이르는 말입니다.

옛날 돈의 가치를 따질 때 쓰는 단위를 접하다 보면 어떤 단위가 얼마나 높은 건지 헛갈리기 쉬운데, 정리하자면 이렇습니다. 한 냥은 한 돈의 열 배, 한 돈은 한 푼의 열 배, 한 돈과 일전은 똑같으며, 한 푼과 한 닢도 똑같습니다.

'닢'과 '푼'이 들어간 속담 몇 가지를 소개하도록 하겠습니다.

- **한 닢 주고 보라 하면 두 닢 주고 막겠다** 아주 보기 흉하거나 볼 필요가 없음을 빗대어 이르는 말.
- **판돈 일곱 닢에 노름꾼은 아홉** 보잘것없는 일에 터무니없이 많은 사람이 모이는 경우를 빗대어 이르는 말.
- **한 닢도 없는 놈이 두 돈 오 푼 바란다(한 치도 없는 놈이 두 치 닷 푼 바란다)** 없는 사람이 바라기는 크게 바란다는 말.
- **세 닢 주고 집 사고 천 냥 주고 이웃 산다** 이사 갈 집을 살 때에 집의 가치보다 이웃의 가치를 더 쳐준다는 뜻으로, 이웃이 중요함을 빗대어 이르는 말.
- **제 돈 칠 푼만 알고 남의 돈 열네 닢은 모른다** 자기 물건은 하찮은 것이라도 소중히 여기면서 남의 물건은 큰 것이라도 하찮게 여긴다는 뜻으로, 자기 것만 소중히 여김을 빗대어 이르는 말.

아닌 밤중에 홍두깨

별안간 엉뚱한 말이나 행동을 함을 빗대어 이를 때 '아닌 밤중에 홍두깨' 혹은 '아닌 밤중에 홍두깨 내밀듯'이라는 속담을 씁니다. 요즘은 속담에 나오는 홍두깨를 주변에서 찾아보기 힘들고, 무엇에 쓰는 물건인지 모르는 사람들도 많습니다.

홍두깨는 다듬잇감을 감아서 다듬이질할 때에 쓰는, 단단한 나무로 만든 도구를 말합니다. 박달나무 등을 지름 7~10센티미터, 길이 70~90센티미터 정도로 둥글게 깎아 표면을 곱게 다듬어서 만들지요. 홍두깨에 풀을 먹인 옷감이나 홑이불 같은 것을 감아 홍두깨틀 위에 올려놓고 혼자 혹은 둘이 마주 앉아 다듬이 방망이로 두들기면 홍두깨가 빙빙 돌며 구김살이 펴집니다.

위 속담은 말 자체로만 보면 느닷없이 밤중에 홍두깨가 들이친다는 뜻인데, 구체적으로 어떤 상황을 말하는 것인지 머릿속에서 잘 그려지질 않습니다. 밤중에 다듬이질을 하자고 홍두깨를 내온다는 얘기인지, 아니면 도둑이 홍두깨를 들고 나타났다는 얘기인지, 감을 잡기가 어렵지요.

그래서 이 속담은 남녀의 성적인 관계에 대한 은유라고 해석하는 사람들이 많습니다. 홍두깨가 남자의 성기를 뜻한다고 보는 거지요. 옛날에는 과부가 된 여자들이 재혼을 하는 것이 쉽지 않았습니다. 그래서 밤중에 몰래 과부를 업어가는 보쌈이 행해지기도 했고, 주변에선 알면서도 모른 척해 주곤 했습니다. 봉건사회가 만들어 놓은 관습과 제도에서 오는 억압을 정면으로 거스르지는 못하니까 그런 은밀한 행위를 통해 돌파구를 찾으려고 했던 거지요. 그런 풍습을 염두에 두고 위 속담을 읽으면 매우 그럴듯하게 해석이 됩니다. 실제로 속담 중에는 남녀의 성적인 관계를 암시하는 것들이 꽤 있습니다. 대놓고 드러내지 못하는 내용을 에둘러 표현함으로써 감칠 맛 나는 말을 만들어 낸 민중의 지혜를 새삼 생각해 보게 됩니다.

이제 홍두깨는 찾아보기 힘들지만 속담에서는 그 자취를 많이 찾아볼 수 있습니다. 크게 내놓고 말할 만한 자랑을 빗대어 이를 때 '홍두깨 같은 자랑'이라는 속담을 쓰고, 뜻밖에 좋은 일을 만남을 이를 때는 '홍두깨에 꽃이 핀다'는 속담을 씁니다. 그리고 홍두깨와 소를 연결한 속담이 여럿 있는데, '홍두깨로 소를 몬다'는 적합한 것이 없거나 몹시 급해서 무리한 일을 억지로 함을 빗대어 이르는 말이고, '홍두깨로 소를 몰면 하루에 천 리를 가나'는 모든 일을 능력에 맞게 무리하지 않게 해야 한다는 말입니다. '홍두깨 세 번 맞아 담 안 뛰어넘는 소가 없다'는 속담도 있는데, 이 말은 아무리 참을성이 많은 사람도 혹심한 처우에는 저항을 하기 마련이라는 뜻으로 씁니다.

홍두깨는 앞서 말한 것처럼 재질이 단단한 나무로 만드는데, 문경 지방의 박달나무가 홍두깨를 만드는 데 제격이었나 봅니다. 그래서 어떤 물건이 필요에 따라 다 쓰임을 이르는 말로 '문경 새재 박달나무는 홍두깨 방망이로 다 나간다'는 속담이 전해집니다. 장사꾼들이 문경 새재를 넘으며 불렀다는 '문경 새재 물박달나무 / 홍두깨 방망이로 다 나간다 / 홍두깨 방망이는 팔자도 좋아 / 큰애기 손질에 놀아난다'는 노래가 있습니다. 이 노래 역시 성적인 분위기가 흠씬 묻어나지요.

이랑이 고랑 되고 고랑이 이랑 된다

밭농사를 지으려면 반드시 이랑과 고랑을 만들어야 합니다. 쟁기 등으로 흙을 깊이 갈아엎어서 흙덩이를 잘게 부수고 고른 다음 두둑하게 쌓아올린 것이 이랑입니다. 그리고 이랑을 쌓기 위해 파낸 골을 고랑이라고 합니다. 이랑에는 씨앗을 넣거나 모종을 옮겨서 작물을 키우고 가꿉니다. 고랑은 바람의 통로와 배수로 역할을 하며 사람이 다니는 길이 되기도 합니다. 이렇듯 이랑과 고랑은 가지런히 짝을 이루어 밭농사의 터전이 됩니다.

이랑과 고랑을 만들어 농사를 짓기 시작한 것은 조선 후기부터라고 합니다. 그런데 당시에는 이랑이 아닌 고랑에 씨를 뿌렸다고 하는군요. 이런 방식을 골뿌림법이라고 합니다. 들어간 부분에 씨를 뿌리면 겨울에 씨앗이 겨울바람을 덜 타 추위에 잘 견디고, 여름에는 물을 제때 주지 않아도 늘 물이 고여 있어서 가뭄도 잘 이기기 때문입니다. 또한 거름의 효과가 높고, 배열이 일정하니 잡초도 쉽게 제거할 수 있습니다. 이런 골뿌림법의 영향으로 고랑과 이랑을 만드는 쟁기와 같은 농기구가 개량되고, 비료나 거름을 주는 새로운 방법들도 개발이 되었다고 합니다. 그러다가 차츰 지금처럼 이랑에 작물을 재배하는 방식으로 바뀌었습니다. 이랑에 작물을 재배하면 햇빛을 잘 받아 성장이 빠르고, 비가 많이 와도 고랑으로 물이 빠져서 뿌리가 썩지 않기 때문입니다.

그런데 사전에서 '이랑'을 찾아보면 '갈아 놓은 밭의 한 두둑과 한 고랑을 아울러 이르는 말'이라고 풀이되어 있습니다. 이러한 풀이는 이랑의 본래 뜻과 어긋나는 것입니다. 이랑과 고랑은 짝을 이루어 쓰던 말입니다. 배의 앞부분을 '이물', 뒷부분을 '고물'이라고 이르는 것처럼 말입니다. '이랑이 고랑 되고 고랑이 이랑 된다'는 속담을 생각하면 둘이 서로 반대되는 개념으로 짝을 짓고 있음을 쉽게 알 수 있지요. 밭농사를 지을 때는 이랑과 고랑을 한꺼번에 갈아엎은 뒤 다시 새 이랑과 고랑을 만듭니다. 그래서 두둑한 이랑이 움푹한 고랑이 되고, 움푹한 고랑이 두둑한 이랑으로 바뀌곤 합니다. 이처럼 잘살던 사람이 못살게도 되고 못살던 사람이 잘살게도 됨을 빗대어 이르거나, 무엇이나 고정불변하지 않고 변하게 됨을 빗대어 이를 때 위 속담을 씁니다.

그러므로 두둑과 고랑을 아우른 개념으로 이랑을 사용하는 것은 분명히 잘못된 것입니다. 하지만 세월이 지나면서 사람들이 이랑의 뜻을 바꾸어 사용하기 시작한 만큼 이제 다시 본래의 뜻으로 되돌리자고 하기도 어렵습니다. 두둑은 '밭과 밭 사이에 길을 내려고 흙으로 쌓아 올린 언덕' 혹은 '논이나 밭을 갈아 골을 타서 만든 두두룩한 바닥'을 뜻합니다. 두 번째 뜻이 이랑의 뜻에 가까운데, 이랑보다는 두둑의 폭이 조금 넓은 편이라고 보면 되겠습니다.

논이나 밭을 쟁기로 갈아 넘긴 골을 '거웃', 이랑의 길이를 '사래', 이른 봄에 보리나 밀을 심은 밭의 이랑에 콩이나 팥 따위를 심는 일을 '대우'라고 한다는 것도 알아 두면 좋을 것입니다.

또한 비슷한 속담으로 '고랑도 이랑 될 날 있다'는 것이 있습니다. '쥐구멍에도 볕 들 날 있다'는 속담과 같은 뜻으로 쓰입니다.

장님의 초하룻날

우리나라에는 시각 장애인이 약 25만 명 있다고 합니다. 선천적인 장애인이건 후천적인 장애인이건, 이들은 모두 자신의 뜻과는 상관없이 평생을 불편하게 지내야 하는 사람들입니다. 더러 수술을 통해 시력을 회복하기도 하지만 그건 매우 적은 수에 지나지 않습니다.

예전에는 눈이 멀어 앞을 보지 못하는 시각 장애인을 흔히 장님, 소경, 봉사, 판수 등의 이름으로 불렀습니다. 한자어로는 맹인盲人이라고 하지요.

'판수'는 원래 점을 치는 일을 맡아보는 사람을 일컫는 말입니다. 그런데 시각 장애인들이 생업을 위해 점치는 일을 많이 했기 때문에, 본래의 뜻에 '장님'이라는 뜻을 하나 더 갖게 되었습니다. 그런가 하면 '봉사'는 원래 조선시대에 천문·지리 등의 일을 맡아보던 관상감, 감옥에 관한 일을 맡아보던 전옥서, 번역과 통역에 관한 일을 맡아보던 사역원 등에 딸린 종8품의 낮은 벼슬자리를 가리키는 이름이었습니다. 그런데 이 자리에 장님을 많이 썼기 때문에, 언젠가부터 벼슬 이름이 그냥 장님을 뜻하는 말로 굳어진 것입니다.

이 밖에 '당달봉사'나 '청맹과니'라는 말도 있는데, 이 두 낱말은 모두 '겉으로 보기에는 멀쩡하나, 실상은 보지 못하는 사람'을 가리킬 때 씁니다. 흔히 안구 내부의 압력이 높아짐으로써 일어나는 눈병의 한 가지인 녹내장으로 인해 발생한다는군요.

장님과 관련된 속담은 무척 많습니다. 지금부터 소개하는 속담은 편의상 장님이라는 말을 사용할 텐데, 장님 대신 소경이나 봉사로 바꾸어 써도 상관없습니다.

'장님 개천 나무란다'는 속담은 자기의 잘못은 모르고 남만 탓한다는 뜻이고, '장님 단청 구경'은 봐도 내용을 알지 못할 사물을 보는 것을 빗대어 이를 때 쓰는 말입니다. '장님 제 닭 잡아먹기'라는 속담은 장님이 남의 닭인 줄 알고 덥석 잡아먹었다가 나중에 자신이 기르던 닭인 줄 알았다는 데서 온 속담으로, '횡재가 결국은 자기 자신의 손해'임을 나타낼 때 씁니다.

좋은 일을 만나는 경우를 이를 때 쓰는 '장님의 초하룻날'이라는 속담도 있습니다. 앞에서 장님들은 생업을 잇기 위해 점을 치는 판수 노릇을 많이 했다고 했지요. 매달 초하룻날에는 그달의 운수를 보기 위해 많은 사람들이 점을 치는 장님 집으로 모여들었다고 합니다. 손님이 많으니 벌이가 좋을 것은 당연한 이치이지요. 이와 관련해서 '장님이 저 죽을 날 모른다'는 속담도 알아 두면 좋겠습니다. 장님이 남의 운수와 관련한 점은 많이 쳐 주지만 정작 자신의 운수는 미리 알지 못한다는 뜻으로, 자기 일은 자기가 처리하기 어렵다는 말입니다.

예전에는 시각 장애인이 주로 점을 치는 것으로 생업을 삼았지만, 지금은 대부분 안마업에 종사하고 있습니다. 그런데 몇 년 전에 장님에게만 안마업에 종사하도록 하는 것은 위헌이라는 헌법재판소의 판결이 있었습니다. 일반인들은 직업 선택의 기회가 다양한 반면 시각 장애인은 신체적인 결함으로 인해 선택할 수 있는 직업이 극히 제한적이라는 사실을 생각할 때, 헌법재판소의 결정은 약자의 처지를 도외시한 성급한 결정이었다고 보입니다. 또한 '장님'은 앞을 못 보는 사람들을 낮춰 부르는 말이므로 객관적인 용어인 '시각 장애인'이라는 말을 쓰도록 하자는 주장에도 귀를 기울일 필요가 있겠습니다.

정월 대보름날 귀머리장군 연 떠나가듯

연은 종이에 댓가지를 가로세로로 붙여 실을 맨 다음 공중에 높이 날리는, 우리나라의 대표적인 장난감이자 민속품입니다. 색깔과 모양에 따라 꼭지연, 반달연, 치마연, 동이연, 초연, 박이연, 발연 등 매우 많은 종류가 있는데, 우리가 흔히 알고 있는 이름으로는 가오리연이나 방패연 정도일 겁니다.

김부식이 지은 『삼국사기三國史記』에 보면 신라 선덕여왕 말년에 김유신이 밤에 연에 불을 달아 하늘로 올려 민심을 수습했다는 기록이 있을 정도로 연날리기는 오래된 전통놀이이며, 정월 대보름 같은 명절에 너도나도 연을 날리며 놀았습니다. 하지만 요즘은 연을 날리며 노는 아이들도 드물고, 연에 대해 제대로 된 지식이 있는 사람도 많지 않습니다. 예를 들어 가오리처럼 생긴 연을 가오리연이라고 하는데, 이 연을 '꼬빡연'이라고도 한다는 걸 아는 사람이 얼마나 될까요? 가오리연을 띄우면 오르면서 머리가 아래위로 흔들립니다. 이렇듯 연의 머리가 꼬빡꼬빡한다고 해서 그런 이름을 붙였습니다.

가오리연은 만들기가 쉬워 아이들이 많이 갖고 놀지만 우리나라 연의 대표적인 것을 들라면 방패연이 으뜸입니다. 방패연은 직사각형의 가운데에 방구멍을 뚫은 것인데, 견고함과 유연성 면에서 매우 뛰어난 구조를 가지고 있습니다. 얼레로 줄을 풀고 감아 높이를 조정할 수 있고, 조종하는 사람이 이동하면서 좌우로 방향을 바꿀 수 있는 등 공중에서 종횡무진 활약할 수 있어 연싸움에 많이 사용됩니다. 방패연과 관련해서는 '방패연의 갈개발 같다'는 속담이 있습니다. 방패연의 꼬리에 달린 종이 같다는 뜻으로, 무엇이 특별히 길게 치렁치렁 늘어진 모양을 이르는 말입니다. '방패연의 갈기 같다'고도 합니다.

'귀머리장군'이라는 이름을 가진 연이 있다는 말은 들어 보았나요? 이 연은 박이연의 일종이며, 박이연은 연 종이 바탕에 돈이나 눈, 긴 코 같은 모양을 박은 것을 말합니다. 검은 바탕의 연에 색지로 동그란 동전 모양과 같은 흰 점을 군데군데 박으면 돈점박이연이 됩니다. 또 연 귀머리에 삼각형 모양으로 색칠을 하거나 색지를 붙이면 귀머리장군연이 되는데, 이 귀머리장군연에다 긴 코 모양의 붉은 꼭지를 박으면 귀머리장군긴코박이연, 귀머리장군연의 삼각형 속에 크고 작은 흰 점을 박으면 눈깔귀머리장군연, 눈깔귀머리장군연에다 긴 코 모양의 붉은 꼭지를 박으면 눈깔귀머리장군긴코박이연이 됩니다. 연의 종류가 참으로 다양하다는 걸 알 수 있습니다.

'정월 대보름날 귀머리장군 연 떠나가듯'이라는 속담이 있는데, 멀리 가서 떨어지는 모양을 이르는 말입니다. 연날리기는 오락으로 즐기기도 했지만 민속신앙의 측면을 지니고 있기도 합니다. 옛날부터 정월 대보름날이면 연에 '액厄' 혹은 '송액送厄'이라는 글씨를 써서 높이 날려 보냄으로써 액을 쫓아 보내는 풍습이 있었습니다. 이것을 '액막이 연날리기'라고 합니다.

이렇듯 정월 대보름에 액을 막기 위해 연을 멀리 날려 보내던 풍습에서 비롯된 속담이 바로 '정월 대보름날 귀머리장군 연 떠나가듯'입니다. 속담을 통해서라도 전통 연과 그에 관련된 풍습에 대해 조금이나마 관심을 갖게 되기를 바랍니다.

주먹구구에 박 터진다

초등학교 저학년 때 구구단을 외우느라고 애썼던 기억을 다들 갖고 있을 겁니다. 2단부터 9단까지 가락에 맞춰 소리 내어 읊고 다니곤 했지요. 선생님이 정해 준 기한까지 외우지 못한 아이들은 방과 후에 따로 남아서 외우기도 하면서 말입니다. 그런데 이 구구단을 통째로 외우지 않아도 손가락만 잘 놀리면 답을 구할 수 있는 방법이 있다는 걸 알고 있나요?

어떤 일이나 계산 같은 것을 짐작으로 대중 잡아 대충대충 처리하는 방식을 이를 때 '주먹구구'라는 말을 씁니다. 주먹구구는 말 그대로 주먹을 쥐었다 폈다 하면서 구구셈을 따지던 방법입니다. 지금은 이런 방법을 사용하거나 알고 있는 사람이 극히 드물지만 옛날 어른들은 많이 해 보았다고 합니다.

그렇다면 구체적으로 주먹을 어떻게 이용해서 구구셈을 하는 걸까요?

예를 들어 '7×9'를 주먹구구로 한번 따져 보겠습니다. 우선 양손가락을 각각 7과 9를 셀 때의 모양으로 접습니다. 그러면 한쪽 손은 접은 손가락이 셋에 편 손가락이 둘이고, 다른 쪽 손은 접은 손가락이 하나에 편 손가락이 넷이 될 것입니다. 이때 편 손가락은 10단위에 해당하고, 접은 손가락은 1단위에 해당합니다. 그리고 편 손가락(10단위에 해당)은 서로 더하고, 접은 손가락(1단위에 해당)은 서로 곱합니다. 그랬을 때 편 손가락은 각각 2개와 4개이므로 양 손가락의 수를 더해서 6, 즉 60으로 계산을 합니다. 그리고 접은 손가락은 3개와 1개이므로 서로 곱하면 3이 됩니다. 이렇게 해서 나온 60과 3을 마지막으로 더하면 63이 되어 맞는 답이 나오는 것입니다.

다른 숫자를 가지고 따져 보아도 역시 정확한 답이 나올 것입니다. 과연 계산이 될까 싶고 엉뚱해 보이지만 신기하게도 딱딱 맞아떨어집니다. 손가락을

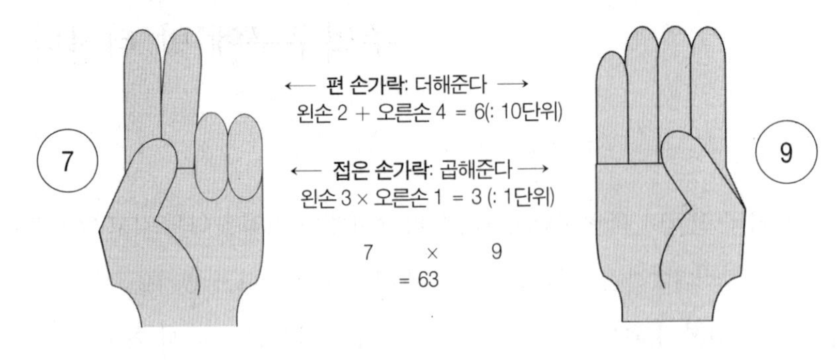

이용해서 구구셈 하는 법을 발견해 낸 지혜가 놀랍기만 합니다. 다만 주먹구구를 할 때에 5단 이하는 해당이 되지 않으므로 암산을 할 수 있어야 합니다.

이처럼 주먹을 쥐었다 폈다 하며 구구셈을 따지는 방식은 우선 번거로울 뿐만 아니라 다른 사람들에게 신뢰성을 주기도 힘듭니다. 아무래도 종이에 직접 식을 써 가면서 하는 방법에 비해 잘못 계산할 확률이 높겠지요. 또한 한 자릿수 곱셈은 가능하나 두 자릿수 이상의 숫자끼리는 곱셈이 곤란한 상황이 옵니다. 그래서 정확한 앞뒤 계산이 없이 대충대충 일을 처리할 때 '주먹구구' 혹은 '주먹구구식'이라는 말을 쓰게 된 것입니다.

이 주먹구구라는 말에서 '주먹구구에 박 터진다'는 속담이 생겼습니다. 계획성 없이 그저 대강 맞추어 하다가는 나중에 큰 봉변을 당하게 될 때 쓰는 말입니다. 이 속담을 조금 바꿔 '주머니 구구에 박 터진다'라고도 합니다. 주먹구구를 '손구구'라고도 하며, 주먹구구로 하는 홍정을 '주먹홍정'이라고 한다는 것까지 함께 기억해 두면 좋겠습니다.

지금은 전자계산기만 두드리면 모든 계산이 척척 이루어지므로 주먹을 쥐었다 폈다 하며 셈을 하는 것은 말 그대로 고려 적 이야기가 되고 말았습니다. 그럼에도 주먹을 이용하여 셈을 하는 방법을 고안해 냈던 조상들의 슬기까지 잊어서는 안 될 것입니다.

죽기 살기는 시왕전에 매였다

사람이 제 힘으로 결코 할 수 없는 일이 죽고 사는 문제입니다. 중국의 진시황이 불로초를 구하러 우리나라까지 신하를 보냈다는 이야기도 있지만, 죽음의 순간만큼은 그 누구도 피해 갈 수 없습니다. 의술의 발달로 사람의 수명이 늘어나고 불치병에 대한 치료법도 속속 개발되고 있지만 아직까지 인간은 영생불사永生不死의 꿈을 이루지 못하고 있지요. 그래서 예로부터 '인명人命은 재천在天'이라고 했으며, '죽기 살기는 시왕전에 매였다'는 속담을 만들어 쓰기도 했습니다.

시왕十王은 저승에서 죽은 사람을 재판하는 열 명의 대왕을 말하는 불교 용어입니다. 차례대로 소개하면 ① 진광대왕, ② 초강대왕, ③ 송제대왕, ④ 오관대왕, ⑤ 염라대왕, ⑥ 변성대왕, ⑦ 태산대왕, ⑧ 평등대왕, ⑨ 도시대왕, ⑩ 전륜대왕입니다. 죽은 날부터 49일까지는 7일마다, 그 뒤에는 100일째 되는 날과 소상小祥(사람이 죽은 지 1년 만에 지내는 제사), 대상大祥(사람이 죽은 지 두 돌 만에 지내는 제사) 때에 차례로 이들 앞에 나아가 생전에 지은 죄업罪業의 경중과 선행 및 악행을 심판받는다고 합니다. 불가에서 죽은 이를 위해 흔히 49재를 지내는 것은 바로 이러한 믿음에서 비롯되었습니다. 시왕을 달리 십대왕, 십왕, 제왕諸王 등으로 부르기도 합니다.

이러한 시왕을 모신 곳이 바로 '시왕전'입니다. 지장보살을 주불로 모신 까닭에 지장전地藏殿이라고도 하는데, 처음에는 시왕전과 지장전이 각각 독립적으로 있다가 고려 말 이후에 명부전冥府殿으로 통합되었다고 합니다. 저승과 이승을 연결하는 전각이므로 쌍세전雙世殿이라고도 합니다. 따라서 위 속담은 죽고 살기란 염라대왕을 비롯한 저승의 시왕한테 달렸다는 뜻으로, 죽고 사는 것을 사람이 마음대로 하지 못함을 이르는 말입니다.

시왕 중 다섯 번째 왕인 염라대왕이 그중 으뜸이라 하여 우리나라에서는 염라대왕과 관련한 속담이 많습니다. '염라대왕이 문밖에서 기다린다'고 하면 죽을 때가 되었다는 말이며, '염라대왕이 제 할아버지라도'라는 말은 비록 염라대왕이 제 할아버지라 해도 저승으로 가게 된 처지에서 벗어날 수 없다는 뜻으로, 어떤 큰 죄를 짓거나 중병에 걸려 온전할 도리가 없는 경우에 씁니다.

염라대왕 앞에 가면 생전의 죄를 비추어 주는 업경業鏡이 있다고 합니다. 그 업경에 비친 죄인의 죄를 따져서 그에 따라 벌을 준다고 하는군요. 또한 이때는 주로 부모님이나 조상님에게 말을 잘못하여 지은 죄를 심판하는데, 혀를 잘못 놀린 죄를 벌하기 위해 발설지옥으로 보내 집게로 혀를 길게 잡아 뽑는다고도 합니다.

하지만 이러한 염라대왕도 돈에는 약하다고 생각한 모양입니다. 그래서 돈만 있으면 못하는 일이 없이 다 할 수 있다는 말로 '염라대왕도 돈 쓰기에 달렸다' 혹은 '염라대왕도 돈 앞에는 한쪽 눈을 감는다'는 속담이 있었습니다. 돈의 위력을 나타내기 위해 만든 속담이지만, 속담은 속담일 뿐 아무리 돈이 많아도 목숨까지 살 수는 없는 노릇이지요. 죽음을 피할 수는 없지만 생전에 죄업을 짓지 않으면 지옥행은 피할 수 있을 것입니다. 염라대왕을 비롯한 열 명의 무서운 왕을 만들어 낸 것은 생전에 죄를 짓지 말고 착하게 살도록 일깨워 주기 위함이겠지요.

천석꾼에 천 가지 걱정
만석꾼에 만 가지 걱정

시대가 변하면 말도 따라서 변합니다. 이런 현상을 흔히 언어의 역사성이라고 합니다. 말도 마치 생명을 지닌 물질처럼 새로 태어나거나 그 모습을 바꾸기도 하고, 오랜 세월이 흐르면 죽어 없어지기도 합니다. 다만 말이 변하는 속도가 매우 느리기 때문에 우리가 살아가는 동안에는 미처 그런 현상을 느끼지 못할 따름입니다. 하지만 우리가 옛날 말들을 더듬어 살펴보면 지금 쓰는 말과 차이가 많이 있음을 알아차릴 수 있습니다.

그리고 이런 말의 변화는 '고'가 '코'로 변하듯이 단순히 음운상의 차이뿐만 아니라 같은 사물이나 현상을 드러내는 낱말 자체의 변화 또는 표현방식의 차이에서도 나타납니다. '가람'이라는 우리말 대신 중국에서 건너온 한자문화의 영향에 의해 '강江'이라는 새로운 말이 그 자리를 차지한 것이 대표적인 예입니다. 말도 일정하게 시대와 사회의 모습을 반영하고 있다고 할 수 있습니다.

'천석꾼에 천 가지 걱정 만석꾼에 만 가지 걱정'이라는 속담이 있습니다. 재산이 많으면 그만큼 걱정도 많음을 비유해서 이르는 말입니다. 부자를 가리켜 옛날에는 '천석꾼'이니 '만석꾼'이니 하는 말로 불렀습니다. '석石'은 쌀 한 섬을 가리키는 말입니다. 따라서 천석꾼이라고 하면 쌀을 천 섬이나 거둘 수 있는 정도로 부자라는 말입니다. 만석꾼은 그보다 열 배나 더 많은 쌀을 거두는 셈이니, 부자 중에서도 으뜸가는 부자를 뜻합니다. 우리 민족이 예로부터 농사를 주로 짓던 농경민족임을 쉽게 짐작할 수 있게 하는 말들이지요. 하지만 지금 이런 말들은 문학작품 속에서나 가끔 나올까 일상생활에서는 거의 쓰이지 않습니다. 그만큼 시대가 많이 바뀐 것이지요.

지금은 천석꾼이나 만석꾼 대신 '백만장자百萬長者' 혹은 '억만장자億萬長者'라

는 말을 많이 씁니다. 이 말들은 언제, 어떻게 해서 생겨났을까요? 그 답은 영어를 살펴보면 쉽게 나옵니다. 백만장자와 억만장자는 각각 영어의 'millionaire'와 'billionaire'를 그대로 옮긴 것입니다. 따라서 백만장자니 억만장자니 하는 말들은 모두 영어와 함께 수입된 절름발이 말들임을 알 수 있습니다.

비슷한 예로 비렁뱅이 생활을 하는 것을 가리켜 '쪽박 찬다'고 하던 것이 지금은 '깡통 찬다'는 말로 바뀐 것을 들 수 있습니다. 옛날에는 거지들이 쪽박을 차고 다니면서 먹을 것을 구걸했으나 깡통이라는 새로운 물건이 나타나면서 말도 따라서 바뀐 것입니다. 깨지기 쉬운 쪽박보다는 아무래도 깡통이 더 튼튼하고 차고 다니기에 알맞았을 겁니다.

깡통이라는 물건은 서양에서 먼저 만들어서 우리나라로 들어왔습니다. 그리고 깡통이라는 말 자체도 영어와 한자어를 섞어서 만든 튀기 말입니다. 즉, 영어 '캔can'과 한자어 '통筒'이 합쳐진 것이 바로 '깡통'이라는 말입니다. 이런 식으로 만들어진 또 다른 말로 '깡패'가 있습니다. 이 말은 영어 '갱gang'과 한자어 '패牌'가 합쳐진 것입니다. 서양의 갱과 같은 못된 무리라는 뜻이지요. 이런 말들은 일제 말이나 해방 후에 생겨난 튀기 말들이지만 이제는 거의 우리말처럼 되어 버렸습니다. 서양 문물이 들어오면서 우리말도 서양말에 많이 휩쓸려 버렸음을 일깨워 주는 말들입니다.

초라니 열은 보아도 능구렁이 하나는 못 본다

경상북도 안동의 하회마을에서 전해 내려오는 전통 탈놀이를 하회 별신굿 탈놀이라고 합니다. 이 탈놀이는 약 500년 전부터 정초에 마을 사람들의 무병無病과 안녕을 빌기 위하여 마을의 서낭신에게 제사지낼 때 놀던 놀이로, 내용은 주로 파계승과 양반에 대한 풍자로 이루어져 있습니다.

이 탈놀이의 유래에 대해서는 '허 도령 전설'이 전해지는데, 내용은 대충 이렇습니다. 고려 중엽 하회마을에 재앙이 들어 사람의 힘으론 도저히 막을 수 없었습니다. 그때 마을에 살던 허 도령의 꿈에 신이 나타나 탈을 12개 만들어서 그것을 쓰고 굿을 하면 재앙이 물러갈 것인데, 다만 탈을 다 만들 때까지 누구도 들여다보게 해서는 안 된다고 했습니다. 허 도령은 바로 목욕재계를 한 다음 문밖엔 금줄을 치고 안에서 문을 걸어 잠근 채 탈을 만들기 시작했습니다. 그때 같은 마을에 살던 허 도령을 사모하던 처녀가 허 도령이 하도 그리워 어느 날 금줄을 넘어 들어와 방문의 구멍을 뚫고 들여다보았습니다. 그 순간 허 도령은 그 자리에서 피를 토하면서 죽었으며, 그때 마지막으로 만들던 이매탈은 턱을 채 만들지 못한 상태여서 지금까지 턱이 없는 채 전해져 오고 있다고 합니다.

이 탈놀이에 사용하던 탈 열한 개가 전해지는데, 이는 우리나라에서 가장 오래된 탈놀이 가면으로 현재 국보 제121호로 지정되어 있습니다. 우리나라의 가면은 대개 바가지나 종이로 만든 것이 많아서 오래 보존된 예가 드물며, 그해 탈놀이가 끝난 후 태워 버리는 것이 일반적이었습니다. 하지만 하회탈은 나무로 만들었기에 오래 보존될 수 있었으며, 격식과 세련미를 갖춘 훌륭한 작품입니다.

하회 별신굿 탈놀이에는 인물이 여러 명 등장하는데, 초랭이라고도 하는 초라니가 그중 한 명입니다. 이 초라니는 양반의 하인으로 가볍고 방정맞은 성격을 지닌 인물로 나옵니다. 이런 초라니의 방정맞은 행동에 빗대어 만든 속담이 '초라니 수고手鼓 채 메듯'이라는 속담입니다. 수고는 흔히 소고小鼓라고 하는 악기인데, 양면을 가죽으로 메운 작은 북으로 나무 채로 쳐서 소리를 냅니다. 초라니가 수고를 치기 위해 나무 채를 메는 것처럼 하는 짓이 경솔하고 방정맞게 까부는 모양을 빗대어 이르는 말입니다. '초라니 대상 물리듯'이라는 속담도 있는데, 이 말은 언제건 해야 할 일을 미루고 또 미루는 경우를 이르는 말입니다. 대상은 사람이 죽은 지 두 돌 만에 지내는 제사입니다. 마땅히 지내야 할 제사를 자꾸만 미룬다고 해서 생긴 속담입니다. 초라니가 쓰고 노는 탈을 초라니탈이라고 하는데, 이와 관련해서는 '초라니탈에도 차례가 있다'는 속담이 있습니다. '찬물도 위아래가 있다'는 뜻으로 쓰는 속담입니다.

끝으로 '초라니 열은 보아도 능구렁이 하나는 못 본다'는 속담에 대해 알아보도록 하지요. 음흉하고 능청스러운 사람을 빗대어 흔히 능구렁이라는 표현을 씁니다. 그래서 이 속담은 초라니처럼 까불까불하고 경박한 사람보다 능구렁이처럼 속이 의뭉한 사람이 같이 지내기에 더 어려움을 빗대어 이르는 말입니다. 실제로 까불거리는 사람은 실없어 보이긴 해도 남에게 큰 피해를 주지는 않지만, 속으로 음흉한 생각을 품고 있는 사람은 언제 어떤 일을 저지를지 몰라 불안하기도 하고 그 속을 몰라 답답하기 마련이지요.

평양 돌팔매 들어가듯

석전石戰, 즉 돌팔매놀이는 개울이나 고개 등을 사이에 두고 양편으로 나누어 돌을 던지는 놀이인데, 사내들끼리 용맹을 겨루면서 전쟁 연습을 겸하기도 했습니다. 그러다가 나중에는 세시풍속의 하나로 정착되면서 그해 농사의 길흉을 점치는 놀이로 삼기도 했습니다. 돌팔매놀이에 대한 최초의 기록은 『수서隋書』의 「동이 고구려조」에 "고구려는 매년 정초 패수浿水(대동강) 위에 모여 좌우로 두 편을 나누어 서로 수석을 던지며 싸운다"는 내용이 나옵니다. 무척 오래된 놀이라는 걸 알 수 있지요.

돌팔매놀이는 거의 전국적으로 행해졌으나 위 기록에서 보듯 평양을 중심으로 한 지역에서 특히 활발했습니다. '평양 돌팔매 들어가듯'이라는 속담이 생겨난 것만 보아도 알 수 있는 일이지요. 이 속담은 사정없이 들이닥치는 모양 혹은 겨냥한 것이 어김없이 이루어지는 상태를 이르는 말로 쓰입니다.

이 속담은 조선 말기인 1866년에 있었던 '제너럴셔먼호' 사건과 관계가 있습니다. 이 사건은 미국 상선인 제너럴셔먼호가 어느 날 대동강을 타고 평양 인근까지 나타나 다짜고짜 통상을 요구하면서 일어났습니다. 당시 평안 관찰사인 박규수는 서양 선박과의 통상은 자신의 권한도 아닐뿐더러 국법으로 금지되어 있었기에 정중히 출국할 것을 요구했습니다. 하지만 그들은 물러나기는커녕 근대식 총을 앞세우고 평양에 상륙하여 부녀자를 능욕하고 중군中軍 이현익李玄益을 잡아 가두었으며 그의 부하 둘을 잡아다가 물에 던져 죽였습니다. 이에 항의하는 우리 군사들에게 그들은 대포와 장총을 쏘아댔으며, 이 소식을 들은 평양 사람들이 대동강 변으로 나와 이들과 대치하게 되었습니다. 가진 무기가 없는 평양 사람들은 대동문 앞에 돌을 산더미처럼 쌓아놓고 배를 향해 던졌습니다. 이때 유명한 돌팔매꾼 이만춘이 주먹만 한 돌멩이로 대동강 수심을 재고 있던 자의 머리를 정통으로 맞혀 쓰러뜨렸다는 이야기가 전합니다. 이 과정에서 우리 편 7명이 죽고 5명이 다쳤으며, 이는 명백한 영토 침범이라고 판단한 박규수가 철산부사鐵山府事 백낙연白樂淵 등과 상의하여 화공火攻 및 포격砲擊을 가하여 서면호를 불태워 격침시켰습니다. 결국 토머스를 비롯한 전 승무원 23명이 불에 타 죽거나 익사하는 것으로 사건은 막을 내렸습니다.

이 사건으로 인해 평양 사람들의 돌팔매질이 더욱 유명해졌으며, 속담까지 생겨나서 널리 퍼지게 되었습니다. 고구려 때 전쟁 연습 삼아 행하던 놀이를 실제로 전쟁에 응용한 경우라고 하겠습니다.

돌팔매놀이는 일제강점기에 금지령이 내린 이후 차츰 시들해졌으며, 지금은 거의 찾아볼 수 없는 풍습이 되고 말았습니다. 평양 사람들의 돌팔매 실력만 전설처럼 남아서 전해질 따름이지요.

제5부

동식물과 관련한 속담

갈치가 갈치 꼬리를 문다 / 같은 값이면 껌정소 잡아먹는다 / 까마귀 모르는 제사 / 꿩 대신 닭 / 노래기 푸념한 데 가 시룻번이나 얻어먹어라 / 말 살에 쇠 살 / 문어 제 다리 뜯어 먹는 격 / 뱁새가 황새 따라가려다 가랑이 찢어진다 / 복의 이 갈듯 / 센둥이가 검둥이고 검둥이가 센둥이다 / 쇠뿔도 단김에 빼랬다 / 숭어가 뛰니까 망둥이도 뛴다 / 어물전 털어먹고 꼴뚜기 장사 한다 / 언제 쓰자는 하눌타리냐 / 업족제비가 비행기를 탔다 / 윤달에 만난 회양목 / 짝 잃은 원앙 / 참깨가 기니 짧으니 한다 / 하룻강아지 범 무서운 줄 모른다 / 하지 지낸 뜸부기

갈치가 갈치 꼬리를 문다

갈치는 몸이 긴 칼처럼 생겼다 해서 붙여진 이름입니다. 옛날에는 '칼'을 '갈'이라고 했기 때문이지요. 간혹 '갈치'를 '칼치'로 잘못 부르는 이들이 있는 것도 이런 이유 때문입니다. 비좁은 방에서 여럿이 모로 끼어 자는 잠을 흔히 '칼잠'이라고 하는데, 다른 말로 '갈치잠'이라 하기도 합니다. 띠처럼 가늘고 얄팍한 갈치의 생김새를 따서 만든 말입니다.

갈치는 고등어, 꽁치, 명태 등과 함께 우리나라 사람들이 즐겨 먹는 생선입니다. 보통은 갈치구이나 갈치조림을 해서 먹지만 간혹 국을 끓여먹기도 하며, 제주 갈치회는 별미로 널리 알려져 있습니다. 송수권 시인이 채록한 섬 지방 처녀들이 부르던 강강술래 매김 소리 중에 "못 가겠네 못 가겠네. 놋닢 같은 갈치 뱃살 두고 나는 시집 못 가겠네" 하는 부분이 있을 정도로 갈치는 뱃살이 가장 맛이 좋다고 합니다. 그래서 갈치구이를 해 놓아도 으레 통통한 가운데 토막에 젓가락이 먼저 가기 마련이지요.

갈치는 봄과 여름에 걸쳐 알을 낳습니다. 그런 다음 월동에 대비해서 늦가을까지 억세게 먹습니다. 이렇게 먹는 동안 갈치는 살이 통통하고 기름이 줄줄 배어납니다. 그래서 갈치는 가을에 가장 맛이 좋습니다. 이 시기에 갈치는 식욕이 너무도 왕성해서 딱딱한 것을 빼고는 닥치는 대로 집어 삼킵니다. 갈치는 자신의 이빨을 소중히 여겨서 껍데기가 단단한 것은 먹지 않고 조금이라도 딱딱한 놈을 물면 뱉어 버린다고 합니다. 그래서 어부들은 갈치를 '이빨을 가장 아끼는 물고기'라고 한다는군요. 갈치는 등지느러미와 꼬리지느러미만 있기 때문에 헤엄치는 게 느리고, 따라서 강한 이빨이라도 잘 간직하고 있어야 제 몸을 보호할 수 있기 때문이라는 설명도 있습니다.

식욕이 왕성한 가을철에 갈치는 심지어 제 동족의 꼬리를 뜯어 먹기도 합니다. 간혹 꼬리가 뜯겨 나간 갈치가 잡히는 이유가 여기에 있다고 하는군요. 이런 습성을 이용하여 갈치 낚시를 할 때 먼저 잡힌 갈치 꼬리를 잘라내 미끼로 쓰기도 합니다. 가까운 사람끼리 서로 모함하거나 해친다는 뜻으로 쓰는 '갈치가 갈치 꼬리를 문다'는 속담은 이런 배경에서 만들어졌습니다. '망둥이 제 동무 잡아먹는다', 혹은 '망둥이 제 새끼 잡아먹듯'이라는 속담과 통하는 바가 있는 속담이라고 하겠습니다.

그렇다면 제 동족의 꼬리까지 잘라 먹는 갈치가 그렇게 못된 종족일까요? 분명 칭찬할 만한 일은 아니지요. 하지만 의도적인 행위라기보다는 생존본능 차원에서 나온 행위임을 생각할 때, 이해 못 할 습성은 아니라고 봅니다. 오히려 인간들이 자신의 욕심을 채우기 위해 제 동족을 모함하고 해치는 일이 훨씬 많습니다. 지금까지 인류가 일으킨 수많은 전쟁을 생각할 때, 잔인하기로 치면 인간만큼 독한 종족도 없다는 생각을 하지 않을 수가 없지요. 더구나 갈치를 잡기 위해 일부러 갈치 꼬리를 낚시 미끼로 쓰는 건 치사한 노릇 아닐까요? 매사에 영악함을 내세우는 인간이 갈치를 욕할 자격이 있는지 모르겠습니다.

마지막으로, 갈치의 새끼를 부르는 이름이 따로 있다는 걸 알고 있나요? 갈치의 새끼는 '풀치'라고 부릅니다.

같은 값이면 껌정소 잡아먹는다

'같은 값이면 다홍치마'라는 속담은 잘 알아도 '같은 값이면 껌정소 잡아먹는다'는 속담은 귀에 익숙지 않을 겁니다. 지금은 껌정소를 구경하는 일조차 힘드니까요. 하지만 옛날에는 우리나라에도 껌정소와 칡소, 갈색소, 흰소 등 다양한 색깔과 품종의 토종 소가 있었다고 합니다. 정지용 시인의 대표 작품인 「향수」에 나오는 '얼룩빼기 황소'가 바로 칡소를 가리킨다고 하더군요. 하지만 지금은 황소를 제외한 품종이 대부분 멸종되거나 겨우 명맥만 유지하는 형편입니다.

껌정소는 민요나 옛날이야기에 많이 등장합니다. 그중에서 황희 정승과 관련한 '누렁소 껌정소' 이야기가 가장 널리 알려져 있는데, 내용은 이렇습니다.

황희 정승이 길을 가다가 늙은 농부가 쟁기에 누렁소와 껌정소 두 마리를 함께 매어 밭을 갈고 있는 모습을 보았습니다. 황희 정승이 농부에게 '어느 소가 일을 잘 하느냐'고 물었더니, 농부가 다가와서 귓속말로 대답을 해 주었습니다. 왜 귓속말을 하는지 의아해하는 황희 정승에게 늙은 농부는 혹시라도 소가 들으면 기분이 나쁠까 봐 그랬다고 합니다. 그 말을 듣고 황희 정승이 크게 깨달음을 얻었다는 이야기입니다.

우리나라에서 다양한 토종소가 사라지고 황소만 남게 된 것은 일제 강점기에 총독부가 '일본은 흑소, 한국은 적소(옛날 소는 황색보다는 적색이 많았다고 합니다)'라는 정책을 폈기 때문이고, 더구나 1969년에 정부에서 시작한 한우개량 사업 또한 황소를 중심으로 했기 때문이라고 합니다.

우리나라 토종 소 중 껌정소는 특히 제주도에서 많이 길렀으며, 해마다 임금님에게 진상을 했다는 기록이 있습니다. 껌정소는 육질이 뛰어나서 임금님상에 오르는 소고기로는 특별히 껌정소만 사용했다 고 하는군요. 이렇듯 껌정소가 맛이 좋기로 유명한 덕에 '같은 조건이면 자신에게 이익이 되는 쪽을 택한다'는 뜻으로 '같은 값이면 껌정소 잡아먹는다'는 속담이 생겨난 것으로 보입니다. 비슷하게 '같은 값이면 검정 송아지'라고도 합니다.

앞서 말한 것처럼 일본은 황소보다는 껌정소가 압도적으로 많습니다. 경상북도 청도에서 해마다 소싸움을 여는데, 거기 출전하는 일본 소들을 살펴보면 모두 껌정소입니다. 일본의 껌정소도 품종이 다양한데, 그중에서 '와규和牛'라고 부르는 껌정소는 고기가 세계에서 가장 맛이 좋다고 알려져 있습니다. 이 와규가 실은 제주도에서 자라던 껌정소를 데려다가 품종 개량한 것이라고 주장하는 사람들도 있습니다. 이렇듯 껌정소에 대한 관심이 높아지면서 제주도에서도 10여 년 전부터 껌정소를 특별히 보호하면서 번식을 늘리고 종자 개량을 하기 위해 애쓰고 있습니다. 식당 간판에 자주 보이는 '제주도꺼먹돼지'에 이어 '제주도꺼먹소'가 곧 등장할지도 모르겠습니다.

껌정소가 들어가는 다른 속담에는 '꺼먹소도 흰 송아지를 낳는다'는 말이 있습니다. 어려운 생활도 언젠간 바뀔 수 있다는 뜻입니다. 그리고 '검은 소가 맛은 있다'는 속담은 겉모습은 볼품없어도 오히려 실속 있다는 뜻으로 쓰입니다. 이처럼 여러 속담이 있다는 사실만 보아도 예전에 우리나라에 껌정소가 많았다는 것을 알 수 있습니다. 하지만 다양성을 무시하고 다른 종들은 모두 없앤 채 황소만 집중해서 키워서 종의 후퇴는 물론 경제적으로도 손실을 가져왔다는 아쉬움이 남습니다.

까마귀 모르는 제사

까마귀는 우리나라 전역에서 쉽게 볼 수 있는 텃새입니다. 흔히 무리를 지어 다니는데, 무리를 이끄는 리더가 없이 단순히 몰려다니기만 한다고 합니다. 그래서 임시로 모여들어서 규율이 없고 무질서한 병졸 또는 군중을 일러 오합지졸烏合之卒이라고 합니다.

까마귀는 우리나라 사람들에게 오랫동안 천대를 받아 왔습니다. 까마귀를 보면 재수 없다고 침을 뱉고 돌아서는 게 예사입니다. 죄 없는 까마귀로서는 억울한 일이지요. 까치는 길조吉鳥로 여기면서 까마귀에게는 흉조凶鳥라는 오명을 씌운 인간이 원망스럽기도 할 겁니다. 몸 색깔이 까맣다는 이유 때문에 천대받는 까마귀에 대한 속담은 대부분 부정적인 내용으로 되어 있습니다. 특히 까마귀가 사람 시체를 뜯어 먹는다고 해서 생긴 말도 있습니다. '까마귀 밥이 되다'라는 말은 죽은 다음에 까마귀에게 먹힌다고 해서 거두어 줄 사람이 없이 죽어 버려짐을 이르는 말입니다. '까마귀 송장 먹은 소리'는 매우 질이 나쁜 사람의 입에서 나오는 못된 소리를 이르는 말입니다.

하지만 까마귀를 변호하는 속담도 있는데, '까마귀가 검기로 속도 검겠냐' 같은 것이 대표적인 예입니다. 겉모양이 허술하고 누추해도 마음까지 악할 리는 없음을 나타낼 때 쓰는 말입니다. '까마귀 겉 검다고 속조차 검은 줄 아느냐'와 같은 형태로 쓰이기도 합니다.

까마귀와 관련해서 널리 알려진 말에 반포지효反哺之孝라는 한자 성어가 있습니다. 이 말의 유래는 명明나라 말기의 박물학자 이시진이 지은 『본초강목本草綱目』에서 비롯되었습니다. 까마귀는 알에서 깨어난 지 60일 동안은 어미가 새끼에게 먹이를 물어다 주지만 이후 새끼가 다 자라면 먹이 사냥에 힘이 부친 어미를 먹여 살린다고 합니다. 이러한 행위를 반포反哺라고 하며, 까마귀를 반포조反哺鳥라고도 불렀습니다. 그리고 이를 부모에 대한 지극한 효도와 연결 지어 반포지효反哺之孝라고 했습니다. 반포를 우리말로는 '안갚음'이라고 합니다.

이러한 까마귀의 습성과 관련된 속담 두 개가 있습니다. 하나는 '까마귀 안(을) 받아먹듯'이라는 말로, 까마귀가 안갚음을 받는다는 데서 늙은 부모가 자식으로부터 지극한 효도를 받게 됨을 빗대어 이르는 말입니다. 다른 하나는 '까마귀 모르는 제사'라는 속담입니다. 반포反哺로 이름난 까마귀도 모르는 작은 제사라는 뜻으로, 자손이 없는 쓸쓸한 제사를 이르는 말입니다.

평소 잊어버리기를 잘하는 사람에게 '까마귀 고기를 먹었나'라는 말을 쓰곤 합니다. 우리가 흔히 '까맣게 잊어버렸다'고 하는 데서, 까마귀의 몸이 까만 것에 빗대어 만든 말입니다. 비슷한 발상을 가지고 만든 말에 '싸라기밥을 먹었나'라는 게 있습니다. 반말을 일삼는 사람에게 비꼬듯 하는 말로, 쌀이 부서져서 반 토막이 난 것을 싸라기라고 하는 데서 착안한 말입니다. 둘 다 기지와 해학이 담긴 재미있는 말이지요.

우리 주변에는 까마귀 고기를 먹은 사람들이 많습니다. 자기가 한 말도 제대로 기억을 못 하는 정치인들이 대표적인 경우겠지요. 까마귀가 부모에게 먹이를 물어다 주는 반포의 효를 행하기는커녕 자신이 한 말조차도 기억을 못 하는 사람이 까마귀를 보고 기분 나쁜 새라고 욕한다면 그야말로 적반하장이라고 하겠습니다.

꿩 대신 닭

꼭 적당한 것이 없을 때 그와 비슷한 것으로 대신하는 것을 '꿩 대신 닭'이라고 합니다. 하고 많은 새 중에 왜 하필 꿩과 닭을 연결시켜서 속담을 만들었을까요?

새해를 맞아 설날 아침에 떡국을 끓일 때, 옛날에는 꿩고기를 우려서 국물을 낸 다음 떡과 함께 꿩고기를 얹어서 먹었다고 합니다. 꿩이 길조일 뿐만 아니라 고기 맛도 좋아서 새해 첫 음식을 잘 먹으면 1년간 잘 먹으며 지낼 수 있다는 믿음을 가졌기 때문이랍니다. 그런데 꿩이 귀하다 보니 닭으로 대신하게 되었고, 그래서 '꿩 대신 닭'이라는 속담이 생겨났다고 합니다.

꿩은 옛날부터 상서로운 새로 여겼으며, 그래서 중요한 의식에는 꿩을 사용했다고 합니다. 조선시대 중엽부터 혼례를 치를 때 초례상에 꿩을 놓고 신랑 신부가 맞절을 했던 것이 한 예라 하겠습니다. 그런데 요즘은 꿩 대신 닭을 사용합니다. 북한 지방에서 냉면이나 온면을 만들어 먹을 때 꿩고기로 국물을 냈는데, 꿩을 구하기 어려워서 차츰 닭으로 대신했다고도 하는군요. 만두소를 만들 때 꿩고기를 다져 넣었는데 꿩이 귀해서 닭으로 대신했다는 이야기도 있습니다. 이렇듯 여러 가지 이유가 합쳐져서 '꿩 대신 닭'이라는 속담이 생겼을 것으로 짐작됩니다.

이번에는 '꿩 먹고 알 먹고'라는 속담에 대해 알아봅시다. 이 속담은 꿩의 습성에서 비롯되었습니다. 꿩은 주위의 소리에 매우 민감하다고 합니다. 사람이 다가가는 소리만 들려도 금방 튀어서 날아갑니다. 그런데 알을 품고 있을 때는 모성애가 강해서 사람이 다가가도 달아나질 않는다고 합니다. 그래서 알을 품고 있는 꿩을 발견하면 꿩도 잡고 알도 덩달아 구할 수 있다고 해서 이런 속담이 생겼을 것입니다. 꿩의 모성애를 이용한 사람들의 못된 심보를 생각하면 조금 씁쓸하기도 한 속담입니다. 심지어 '꿩 먹고 알 먹고 둥지 털어 불 땐다'는 속담까지 있는 걸 보면 사람이란 참 이기적이고 못됐다는 생각이 듭니다.

꿩의 습성과 관련한 속담으로 '꿩은 머리만 풀에 감춘다'는 게 있습니다. 급하게 된 꿩이 제 몸을 숨긴다는 것이 겨우 머리만 풀 속에 묻는다는 뜻으로, 몸을 완전히 숨기지 못하고 숨었다고 안심하다가 발각됨을 빗대어 이르는 말입니다.

이 밖에도 꿩과 관련된 속담은 다음과 같은 것이 있습니다.

- **꿩 구워 먹은 자리** 어떠한 일의 흔적이 전혀 없음을 비유해서 이르는 말. 일은 하였으나 뒤에 아무런 결과도 드러나지 아니함을 빗대어 이르는 말.
- **꿩 구워 먹은 소식** 소식이 전혀 없음을 빗대어 이르는 말.
- **꿩 놓친 매** 애써 잡았다가 놓치고 나서 헐떡이며 분해하는 모습을 빗대어 이르는 말.
- **꿩 떨어진 매** 쓸모없게 된 사물을 비유해서 이르는 말.
- **꿩 무리에 학(북한 속담)** 많은 사람들 가운데 섞여 있는 두드러진 사람을 비유해서 이르는 말.
- **꿩 새끼 제 길로 찾아든다** 남의 자식을 애써 키워 봤자 끝내는 자기를 낳아 준 부모를 찾아감을 비유해서 이르는 말.
- **꿩 장수 후리듯** 남을 잘 이용하여 자기의 이익을 취하는 것을 빗대어 이르는 말.

노래기 푸념한 데 가 시룻번이나 얻어먹어라

노래기는 고약한 냄새를 풍기는 원통형의 절지동물입니다. 노래기는 세계에 약 1만 종이 있을 정도로 종류가 다양한데, 몸길이는 작은 것은 2~3밀리미터에서 큰 것은 28센티미터 이상 되는 것도 있습니다. 머리와 몸통으로 나뉘어 있으며, 몸마디 수는 11~60개 이상, 걷는 다리는 13~100쌍 이상입니다. 햇볕을 싫어하고 낙엽 밑이나 초가지붕처럼 습기가 많은 곳을 좋아합니다.

노래기는 고약한 냄새 때문에 사람들에게 환영을 받지 못하는데, 이 때문에 생긴 속담이 '노래기 회도 먹겠다'입니다. 고약한 노린내가 나는 노래기의 회를 먹는다는 뜻으로, 염치도 체면도 없이 행동함을 핀잔하는 말입니다. 같은 속담으로 '장지네 회 쳐 먹겠다'가 있는데, 노래기를 다른 말로 장지네라고도 하기 때문입니다. 노래기와 지네가 생긴 모양이 비슷하여 그런 이름이 붙었습니다.

한편 이 속담과 같은 뜻을 지닌 '노래기 푸념한 데 가 시룻번이나 얻어먹어라'라고 하는 말이 있는데, 이 속담에 대해서는 설명이 필요합니다. '푸념'은 '마음속에 품은 불평을 늘어놓음, 또는 그런 말'을 뜻합니다. 그리고 '시룻번'은 '시루를 솥에 안칠 때 그 틈에서 김이 새지 않도록 바르는 반죽'을 가리키는 말입니다. 노래기가 불평을 늘어놓는 것과 시룻번은 어떤 관계가 있는 걸까요? 이 속담을 제대로 이해하기 위해서는 '푸념'이 본래는 무당이 굿을 할 때 쓰던 민속용어였다는 사실을 알아야 합니다. '푸념'은 '굿을 할 때에, 무당이 신의 뜻을 받아 옮기어 정성들이는 사람에게 꾸지람을 늘어놓는 일, 또는 그런 말'을 뜻합니다. 그리고 굿을 할 때는 반드시 신에게 바치는 시루떡을 올려놓아야 합니다. 널리 쓰이는 '굿이나 보고 떡이나 먹지'라는 속담은 이런 굿의 특성에서 비롯된 것입니다. 노래기가 굿을 하는 데 가서 떡도 아니고 아무 맛도 없는 시룻번이나 얻어먹으라는 말이니, 그만큼 염치나 체면을 모르는 사람에게 이르는 말로 쓰이게 된 것입니다.

노래기와 관련해서 '노래기 족통도 없다'는 속담도 있는데, 노래기의 발이 가늘고 아주 작은 데서, 살림이 빈곤하여 남은 것이 아무것도 없음을 빗대어 이르는 말입니다. 족통은 발을 속되게 이르는 말입니다.

노래기를 한자어로 나타낼 때 발이 많다고 '백족충百足蟲'이라고 하며, 다른 말로는 '향랑각시香娘閣氏'라고도 합니다. 향랑각시라는 말은 고약한 냄새를 풍기는 것을 반어적으로 표현한 것으로, 도둑을 양상군자梁上君子라고 하는 것과 같은 방식으로 지어낸 말입니다.

'향랑각시香娘閣氏 속거천리速去千里'라는 말이 있는데, 음력 2월 초하룻날에 백지에 먹으로 써서 기둥, 벽, 서까래 따위에 붙이는 말로, 이것을 거꾸로 붙이면 집 안에 노래기가 없어진다고 합니다. 사전에는 이 말이 속담으로 올라 있는데, 과연 속담으로 보아야 할 것인지에 대해서는 검토가 필요할 듯합니다. 일상생활에서 쓰는 말이라기보다는 일종의 부적처럼 사용되던 말까지 속담으로 삼기에는 무리가 따르는 것으로 보이기 때문입니다.

말 살에 쇠 살

푸줏간에 소고기를 사러 갔더니 주인이 말고기를 소고기라며 내줍니다. 언뜻 보아도 소고기가 아닌 게 분명하여 따지고 들었더니 맞다며 벅벅 우깁니다. 참으로 기가 막힐 노릇이지요. 그래서 생겨난 속담이 '말 살에 쇠 살'입니다. '말 살에 쇠 살에'처럼 쓰이기도 합니다. 뻔히 사실이 아닌 것을 사실이라고 우기거나 논리적으로 맞지 않는 말을 늘어놓을 때 쓰는 말이지요. 종종 말 살에 쇠 살을 늘어놓아 얼굴을 찌푸리게 하는 사람들이 있는데, 정치인 중에 그런 사람이 많은 편입니다.

그런데 우리나라 사람들도 옛날에 말고기를 먹었을까요? 기록에 따르면 몽골에서 말을 들여와 대량으로 기르기 시작하면서 말고기를 먹기 시작했다고 합니다. 한때는 말을 너무 많이 도살해서 말고기 금지령까지 내렸다고 하는군요. 제주산 말고기 육포를 임금님에게 진상했다는 기록도 있습니다. 하지만 위 속담에서도 알 수 있듯이 말고기가 소고기처럼 크게 환영을 받지는 못한 듯합니다. 지금도 제주도를 중심으로 말고기 전문점이 있기는 하지만 대중화되지는 못한 실정입니다. 오히려 일본 사람들이 말고기를 먹으러 제주도로 오는 경우가 많다고 하는군요. 그리고 프랑스 등 서양에서는 말고기를 즐겨 먹는 것으로 알려져 있습니다. 나라마다 고유한 음식문화가 있기 마련이고, 그런 문화의 차이를 인정할 수 있어야겠지요. 우리나라 사람들이 개고기를 먹는다고 야만인이라며 비난을 하는 프랑스 여배우에게 당신네 나라에서는 말고기를 먹지 않느냐고 네티즌들이 따졌는데, 이는 문화의 차이와 다양성을 인정하지 못하는 데서 비롯된 충돌이라고 하겠습니다.

'말고기를 다 먹고 무슨 냄새 난다 한다'는 속담이 있습니다. 제 욕심을 채우고 나서 쓸데없는 불평을 함을 비유해서 이르는 말입니다. 속담을 보건대, 우리나라 사람들이 말고기를 잘 먹지 않는 이유가 말고기 특유의 냄새 때문이 아닌가 싶기도 합니다.

말고기가 들어가는 관용어로 '말고기 자반'이라는 게 있습니다. 술이 취하거나 하여 얼굴이 붉게 된 사람을 놀리듯이 이를 때 쓰는 말입니다. 말고기 빛깔이 검붉은 색을 띠어 그런 말이 생겨나게 된 것이지요. 그러니 빛깔만 보아도 소고기와 차이가 나는데, 말고기를 내놓고 소고기라 우기니 소고기를 사러 간 사람이 얼마나 화가 났을까요? 그래서 '말 살에 쇠 살' 같은 소리 집어치우라고 호통을 쳤을 테고, 그 말이 여러 사람 입에 오르면서 속담으로 굳어졌을 겁니다.

말에 대한 속담 두 가지만 더 소개하겠습니다. 먼저 살펴볼 것은 '말 잡은 집에 소금이 해자解座라'입니다. 해자는 특별히 한 일 없이 공짜로 한턱 잘 얻어먹는 일을 가리킵니다. 옛날 서울 각 관아에 하인이나 구실아치(벼슬아치 밑에서 일을 보던 사람)가 새로 들어오면 전부터 있던 사람들에게 한턱내던 일에서 비롯된 말입니다. 그리고 속담의 뜻은 여럿이서 말을 잡아먹을 때 주인이 소금을 거저 낸다는 뜻으로, 부득이한 처지에 있어 생색 없이 무엇을 제공하게 되는 경우를 이르는 말입니다.

'말 살에 쇠 뼈다귀'라는 속담도 있습니다. 피차간에 아무 관련성이 없이 얼토당토않음을 이르는 말입니다. '말 살에 쇠 살'과 비슷한 점이 많은 속담이지요.

문어 제 다리 뜯어 먹는 격

문어과의 연체동물인 문어文魚는 글을 쓰는 선비처럼 먹물을 지니고 있다고 해서 글월 문文자를 붙여서 지은 이름입니다. 이 문어를 한자어로는 팔초어八稍魚 혹은 팔대어八大魚라고 하는데, 문어는 다리가 여덟 개이기 때문입니다. 비슷하게 생긴 바다동물 중에 오징어는 다리가 열 개, 낙지는 문어와 마찬가지로 여덟 개입니다. 문어의 다리 중 길이를 기준으로 세 번째에 해당하는 다리에 생식 기능이 있어 이를 이용해 짝짓기를 합니다.

문어는 식성이 무척 좋다고 알려져 있습니다. 갑각류와 패류, 어류 등 종류를 가리지 않고 잡아먹음으로써 필요한 에너지를 얻습니다. 먹잇감을 얻지 못하면 다른 문어를 잡아먹거나 스스로 자기 다리를 잘라서 먹기도 합니다. 성질이 포악하다고 할 수도 있겠지만 생존을 위한 어쩔 수 없는 방책인 셈이지요. 이때 다리 전부를 잘라 먹는 것은 아니고, 여덟 개의 다리 중 한두 개 정도만 먹습니다. 그리고 그렇게 잘려 나간 다리는 두 달 안에 새로 자라난다고 하니, 크게 문제될 것은 없다고 하겠습니다.

실제로 몇 년 전에 〈스펀지〉라는 텔레비전 프로그램에서 문어가 정말로 자신의 다리를 잘라 먹는지를 알아보기 위해 국립수산과학원과 함께 실험을 한 적이 있습니다. 문어를 대형 수조에 넣고 먹이를 주지 않았더니 24시간 정도가 지나자 정말로 자기 다리를 잘라 먹더라는군요. 또한 어부들이 문어를 잡을 때 보통 통발을 이용하는데, 통발을 바로 끌어올리지 않고 어느 정도 시간이 지난 다음에 끌어올리면 통발 속에 있는 미끼를 다 먹고 난 다음 자신의 다리를 뜯어 먹은 놈들이 발견되기도 한답니다.

문어는 자기 다리를 먹는 것뿐만 아니라 남에게 잡아먹힐 위험에 처하면 스스로 자기 다리를 떼어 준다고도 하는군요. 주로 어린 문어가 자라는 과정에서 다른 물고기에게 잡아먹히는 경우가 많은데, 그럴 때 자기 다리를 잘라 줌으로써 위험을 피한다고 합니다. 생존만큼 절박한 것이 없으므로 작은 희생은 기꺼이 감수하는 것이 현명한 방법임을 일러 주는 생생한 사례인 셈입니다.

이 모든 일이 사람의 입장에서 보면 끔찍한 일이겠으나 동물의 세계에선 흔합니다. 도마뱀이 위급한 상황에서 자기 꼬리를 잘라 버리는 것이나 갈치가 자기 동료의 꼬리를 잘라 먹는 일이 그런 예입니다.

위와 같은 문어의 특성에 빗대어 만든 말이 '문어 제 다리 뜯어 먹는 격'이라는 속담입니다. 제 패거리끼리 서로 헐뜯고 비방함을 빗대어 이르는 말 혹은 자기의 밑천이나 재산을 차츰차츰 까먹음을 빗대어 이르는 말로 쓰입니다. 문어가 제 다리를 뜯어 먹는 것은 어쩔 수 없는 생존본능 탓이라지만, 사람이 그와 비슷한 행동을 하면 안 되겠지요. 물론 남의 다리를 뜯는 것보다야 낫겠지만 말입니다.

뱁새가 황새 따라가려다 가랑이 찢어진다

우리가 흔히 쓰는 '뱁새가 황새 따라가려다 가랑이 찢어진다'는 속담은 다리가 짧은 뱁새가 큰 황새처럼 걸으려고 하니 다리가 찢어지더라는, 다시 말해 남이 한다고 하여 제 힘에 겨운 일을 억지로 해 나가다가는 도리어 큰 화를 입게 된다는 뜻이지요. 뱁새는 몸길이가 13센티미터 정도 되는 작은 새인 데 반해 황새는 날개의 길이만 66센티미터 정도로, 서로 비교가 되지 않습니다. 그러니 뱁새가 황새의 걸음을 따라갈 수 있겠습니까? 당연히 가랑이가 찢어질 수밖에요.

황새의 어원은 '한새'입니다. 옛날에는 '하다'가 '크다'의 뜻을 지니고 있었으므로 '큰 새'라는 뜻으로 불렀던 이름임을 알 수 있습니다. 황새가 다른 새보다 다리가 늘씬하고 키가 크기 때문에 그런 이름을 붙인 모양입니다. 황새는 1968년부터 천연기념물 제199호로 지정되었는데, 지금은 무분별한 사냥과 환경파괴로 인해 멸종되다시피 하여 찾아보기가 힘듭니다.

황새는 예로부터 농촌 마을의 수호신으로 여겨지기도 했고 암수의 금실이 좋기로 소문이 나서 많은 사람들에게 사랑을 받았으나, 뱁새는 이유 없이 구박을 받는 편이었습니다. 작고 가늘게 째진 눈을 '뱁새눈'이라고 하는 것만 보아도 알 수 있습니다. 어감 자체가 썩 좋지 않아서 음흉한 느낌을 주지요. 하지만 실제 뱁새의 눈은 비록 작지만 똥글똥글하고 예쁘게 생겼습니다. 뱁새가 알면 한참 서운해할 일입니다.

뱁새란 이름은 많이 들었어도 정작 어떤 새인지 자세히 아는 사람은 별로 없습니다. 뱁새의 원래 이름은 '붉은머리오목눈이'이며, 작고 귀여운 새입니다. 우리나라에 흔한 텃새로, 매우 민첩하고 여름과 가을에 떼를 지어 다니며 벌레를 잡아먹는 익조로 알려져 있습니다.

뻐꾸기는 제 둥지가 아닌 다른 새의 둥지에 알을 낳는, 즉 탁란托卵을 하는 새로 유명한데, 뻐꾸기가 좋아하는 새 둥지가 바로 뱁새 둥지입니다. 뱁새는 뻐꾸기 알을 제가 낳은 알인 줄 알고 정성스레 품어 주고, 알에서 깨어난 다음에도 열심히 먹이를 물어다 주며 지극정성으로 보살핍니다. 남의 알도 못 알아보는 어리석은 새라고 할 수도 있겠지만, 헌신적인 사랑을 베풀 줄 아는 새라는 점에서 우리 인간이 본받아야 할 점이 많다고 하겠습니다. 그런 면에서 뱁새에게 잘못 덧씌워진 편견을 버리고, 예쁘고 귀여운 새로 다시금 인식할 수 있기를 바랍니다.

뱁새가 등장하는 다른 속담도 있는데, '뱁새가 수리를 낳는다'는 못난 어버이한테서 훌륭한 아들이 난 경우를 빗대어 이를 때 씁니다. 수리는 수릿과의 독수리, 참수리, 흰죽지참수리, 검독수리 따위를 통틀어 이르는 말입니다. '뱁새는 작아도 알만 잘 낳는다'는 생김새는 작고 볼품이 없어도 제구실은 다하는 경우를 빗대어 이를 때 씁니다. 같은 뜻으로 '참새가 작아도 알만 잘 낳는다'는 속담을 쓰기도 합니다. 뱁새나 참새나 크기로 따지면 거기서 거기인 까닭에 뱁새 대신 참새를 넣어서 만든 속담입니다. 둘 다 몸집이 작다고 해서 무시하지 말라는 교훈을 담았다고 하겠습니다.

복의 이 갈듯

'복'이라고도 하는 복어는 맛이 좋기로 유명하지만 독이 있어 자칫하면 목숨을 잃을 수도 있습니다. 그래서 중국 송나라 때의 시인 소동파는 '죽음과 바꿀 만한 가치가 있는 맛'이라고도 했습니다. 복어의 알과 피 등에는 테트로도톡신이라는 맹독 성분이 들어 있습니다. 1밀리그램만 먹어도 죽음에 이를 수 있기 때문에 청산가리보다도 무서운 독으로 알려져 있습니다. 그래서 간혹 복어를 먹고 죽었다는 기사가 신문에 오르기도 합니다.

중국에서는 복어를 천계옥찬天界玉饌이라는 말로 하늘나라에 사는 신선과 선녀들이 먹는 음식이라며 그 맛을 극찬했고, 일본에는 '복어는 먹고 싶고 목숨은 아깝다'는 속담이 있다고 합니다. 우리나라 사람들도 복을 즐겨 먹는데, 주로 회나 탕으로 만들어 먹습니다. 특히 복어로 끓인 탕은 숙취해소에 좋다고 하여 애주가들에게 인기가 높습니다. 허영만의 음식만화 〈식객〉에도 임진강 하류에서만 잡힌다는 황복을 소재로 한 대목이 있는데, 그 대목의 제목이 '죽음과 맞바꾸는 맛'입니다.

이렇게 맛이 좋기로 소문난 복어가 성질은 무척 사납다고 합니다. 복어는 육식성으로 새우, 게, 불가사리, 작은 물고기 등을 잡아먹는데, 그것은 이가 단단하고 턱의 근육이 잘 발달되어 있기 때문입니다. 그렇게 발달한 이와 턱이 있어 낚시나 그물에 걸리면 낚싯줄과 그물을 물어 끊거나 이빨 가는 소리를 냅니다. 그러니 어부들이 이렇게 난폭한 복을 사랑할 리 없겠지요. '복 치듯 하다'는 속담은 그래서 생겼습니다. 어부가 복을 잡아 함부로 친다는 뜻으로, 무엇이나 함부로 치거나 때리는 모양을 빗대어 이르는 말입니다. 우리가 자주 쓰는 '복날 개 패듯'이라는 말과 같은 뜻으로 쓰는 속담입니다. 이빨을 잘 가는 복어의 성질을 빗대어 '복의 이 갈듯'이라는 속담도 있습니다. 복이 이를 세게 갈듯이, 원통한 일을 당하거나 원한이 있을 때 이를 바드득바드득 간다는 뜻입니다.

또한 복어는 배 부풀리기 선수입니다. 복어의 배 쪽에는 팽창낭膨脹囊이 있는데, 공격을 받거나 놀라면 이 팽창낭으로 물이나 공기를 들이마셔 한껏 부풀립니다. 마시는 물의 양은 제 몸무게의 네 배까지도 가능하다고 합니다. 공기를 들이마신다는 뜻으로 복어를 기포어氣包魚라고 부르기도 합니다. 복어가 배를 부풀리는 성질을 이용한 속담으로 '복쟁이 헛배 부르듯'이 있습니다. 실속은 없으면서 겉으로만 부풀리거나 거만을 떠는 사람들에게 이 속담을 씁니다. 복쟁이는 '흰점복'을 달리 이르는 말입니다.

복어와 관련된 말 중에 '서시유西施乳'라는 게 있습니다. 복어의 뱃속에 있는 '이리(물고기 수컷의 배 속에 있는 흰 정액 덩어리)'를 이르는 말인데, 맛이 일품이라 하여 중국 미인의 대명사인 서시의 젖에 빗대어 만든 말입니다. 서시는 월나라의 미인인데 적국인 오나라의 왕까지 홀렸을 정도로 아름다웠다고 합니다. 가시가 있는 장미가 아름답고, 절세미인 중에 요부妖婦나 독부毒婦가 있듯이 복이 맛있는 이유도 바로 독을 지니고 있기 때문이 아닐까 합니다. 그래서 복 요리를 할 때 독을 모두 제거하지 않고 아주 적은 양은 남겨둔다고 합니다. 극소량의 독이 주는 맛이 사람의 혀를 사로잡기 때문이라는군요. '치명적致命的인 맛'이라고나 할까요? 하지만 요즘은 자연산 복어보다 양식 복어가 많아져서 독을 걱정할 필요가 없다고 합니다. 복어가 지닌 테트로도톡신이라는 독은 아르테로모나스란 세균을 자연 상태에서 섭취해야 생기는데, 인공사료에는 이 세균이 없기 때문이라는군요.

센둥이가 검둥이고 검둥이가 센둥이다

흔히 개를 가리킬 때 털빛에 따라 '누렁이'니 '검둥이'니 '흰둥이'니 하는 말로 부르는 것을 들어 보았을 겁니다. '바둑이'니 '점박이'니 하는 말과 더불어 모두 정감이 가는 이름입니다. 그런데 이 중에서 흰둥이 대신 '센둥이'라고 부르는 걸 들어본 적이 있는지요? '센둥이'는 털빛이 흰 강아지를 귀엽게 이르는 말입니다. 이 말은 흔히 나이가 들어 머리칼이나 수염이 하얗게 될 때 이르는 '세다'라는 동사에 '- 둥이'라는 접미사를 붙여서 만들었습니다. 황순원의 단편소설 「목넘이 마을의 개」에 보면 '신둥이'가 등장하는데, 이 신둥이가 바로 센둥이, 즉 흰둥이라고 하겠습니다.

'센둥이가 검둥이고 검둥이가 센둥이다'라는 속담이 있습니다. 색이 검든 희든 개는 개라는 뜻으로, 어떻게 바뀌든 그 본질은 바뀌지 않음을 빗대어 이르는 말입니다. 사람을 피부 빛깔에 따라 백인종, 황인종, 흑인종으로 나누기도 하지만 모두 같은 인류인 것처럼 말입니다. 물론 위 속담은 결국 개는 개일 뿐이라는 식으로 약간 비꼬는 듯한 어감이 실려 있어, 사람을 끌어다 비교하는 것에 무리가 있긴 합니다.

사물이나 현상 또는 사람을 파악할 때 겉으로 보이는 모습이 아니라 어떠한 경우에도 변하지 않는 본질을 잡아내는 것이 중요합니다. 그렇지 않으면 어떤 일을 당하고 나서야 '어이쿠, 그동안 내가 사람을 잘못 봤구나' 하는 식으로 때늦은 후회를 하기도 합니다. 눈에 보이는 현상적인 것 속에 숨어 있는 본질을 파악해 내는 능력, 그것을 지혜라고 할 수 있겠지요. 그런 지혜는 말을 만드는 데도 필요합니다.

'분필粉筆'과 '칠판漆板'이라는 한자말을 살펴봅시다. 예전에는 '백묵白墨'과

'흑판黑板'이라는 말을 썼습니다. 백묵을 한자로 풀면 '흰 색으로 된 먹', 흑판은 '검은 색으로 된 널빤지' 정도가 될 겁니다. 그런데 백묵 중에는 흰 것도 있고, 노란 것도 있으며, 빨간 것도 있습니다. 흑판 또한 초록색으로 된 게 많고, 요즘은 흰색으로 된 것도 있습니다. 흑판이 처음 등장했을 때는 나무판에 검은 칠을 해서 사용했기에 사물과 이름 사이에 어긋남이 없었으나 후에 다른 빛깔을 칠한 게 나오면서 어긋나기 시작했습니다.

반면 분필은 '가루로 만든 먹', 칠판은 '칠을 한 널빤지'로 풀이할 수 있습니다. 따라서 어떤 색깔의 분필과 칠판이 나오더라도 사물과 이름 사이에 어긋남이 없습니다. 백묵과 흑판은 눈에 보이는 현상에 바탕을 두어 만든 말이고, 분필과 칠판은 사물의 본질에 바탕을 두어 만든 말입니다. 과연 어떤 게 더 합리적인 이름일까요? 백묵과 흑판은 일본 사람들이 만든 낱말이고, 분필과 칠판은 우리나라 사람들이 만든 낱말입니다.

다시 개 이야기로 돌아와서 다른 속담을 더 살펴보겠습니다. '센개 꼬리 시궁창에 삼 년 묻었다 보아도 센개 꼬리다'라는 속담입니다. 물론 '센개'는 '센둥이'를 말합니다. '개 꼬리 삼 년 묵어도 황모 되지 않는다'와 비슷한 뜻으로, 본바탕이 좋지 않은 것은 어떻게 해도 그 본질이 좋아지지 않음을 비유합니다. 같은 뜻으로 '오그라진 개 꼬리 대봉통에 삼 년 두어도 아니 펴진다'는 속담도 있습니다. 대봉통은 대를 잘라 만든 꼿꼿한 통으로, 서류나 편지 등을 넣어 두는 용도로 사용했습니다. 오그라진 개 꼬리를 아무리 꼿꼿한 대나무 통에 넣어 둔들 곧게 펴질 리가 없겠지요. 참고로 황모는 족제비의 꼬리털을 말합니다. 빳빳하고 가는 붓을 만드는 데 좋다고 하는군요.

쇠뿔도 단김에 빼랬다

'쇠뿔도 단김에 빼랬다'라는 속담에 나오는 '단김에'를 '단숨에' 혹은 '단번에'라고 이해하는 사람이 많습니다. 그래서 어떤 일이든지 망설이지 말고 시작했을 때 바로 해치우라는 뜻으로 받아들이곤 하지요. 그런데 이 속담을 사전에서는 '든든히 박힌 소의 뿔을 뽑으려면 불로 달구어 놓은 김에 해치워야 한다는 뜻으로, 어떤 일이든지 하려고 생각했으면 한창 열이 올랐을 때 망설이지 말고 곧 행동으로 옮겨야 함을 비유해서 이르는 말'이라고 풀이해 놓았습니다. 속담의 뜻은 보통 사람들이 이해하는 것과 같지만 앞에 붙은 설명을 살펴보면 '단김에'를 '불로 달구어 놓은 김에'라고 풀이한 것을 알 수 있습니다. 쇠뿔을 뺄 때는 불에 달군 다음에 빼야 한다는 것이지요.

그렇다면 쇠뿔을 빼는 이유와, 하필이면 불에 달군 다음에 빼야 하는 이유는 무엇일까요? 쇠뿔을 뺀다는 말이 속담에 등장할 정도면 쇠뿔을 빼는 일이 흔했다는 얘기고, 그만큼 쇠뿔의 용도가 많았다는 걸 알 수 있지요. 자료를 찾아보면 쇠뿔의 쓰임새가 무척 다양했다는 걸 알 수 있습니다. 전통 활을 가리키는 국궁의 한 종류인 각궁角弓, 매의 주인을 표시하는 시치미, 여인들의 노리개, 부채, 각퇴(타악기를 치는 도구인 망치) 등의 재료로 쓰였으며, 술잔으로도 사용되었다고 합니다.

그중에서도 전통공예의 하나인 화각공예畵角工藝의 재료로 소뿔이 많이 사용되었다고 합니다. 화각공예는 목기세공품을 곱게 만드는 각질角質의 공예 기법을 말합니다. 본래는 중국에서 거북이 등껍질을 이용해서 시작했는데, 우리나라에서는 쉽게 구할 수 있는 소뿔을 이용했다는군요. 소뿔을 0.3~1밀리미터 정도로 얇게 잘라서 채색을 하거나 문양을 넣은 다음 나무 제품에 붙이는 방식인데, 매우 섬세한 작업이라고 합니다. 화각공예품은 은은하고 화려한 색감으로 이루어진 고급 공예품이라 주로 왕실이나 지체 높은 양반집에서 수요가 많았다고 하는군요. 그런데 최근에는 여러 가지 사정으로 화각공예의 맥이 끊기다시피 했고, 몇몇 사람만이 어려움 속에서도 전통을 이어간다고 합니다.

화각공예에 쓰이는 소의 뿔은 주로 2~3년 정도 된 수소, 그중에서도 위로 곧추 선 고추뿔이 가장 품질이 좋다고 합니다. 암소의 뿔은 휘거나 속이 비어 있고, 늙은 소나 젖소의 뿔은 투명하지가 않아서 가치가 떨어진다는군요. 쇠뿔은 평소에는 단단하지만 열을 가하면 부드러워지기 때문에, 젊은 수소의 뿔을 2시간 정도 찐 다음에 안에 있는 뼈를 빼 낸다고 합니다. 너무 열을 가해서 물러지면 형태가 변하기 때문에 원형을 다치지 않고 빼려면 시점을 정확히 살필 줄 아는 기술이 필요했다고도 합니다. 여기서 바로 '쇠뿔도 단김에 빼랬다'는 속담이 나온 셈입니다. 이러한 유래를 살펴볼 때 이 속담의 교훈은 어떤 일을 할 때 신속함보다는 적절한 기회를 놓치지 않는 것이 중요하다는 쪽으로 해석하는 게 옳다는 사람들도 있습니다.

일부 학자들이 '쇠는 단김에 벼려야 한다'는 속담이 있다는 것을 들어 '쇠뿔도 단김에 빼랬다'가 이 속담에서 변형된 것이라는 주장을 하기도 합니다. 살아 있는 소의 뿔을 불에 달구어서 뽑는 일이 어디 있느냐는 데서 나온 생각으로 보입니다. 하지만 이런 주장은 막연한 추론으로 보이며, 죽은 소를 재료로 삼기는 했지만 열을 가해서 소의 뿔을 빼는 작업이 널리 이루어지던 사실에 비추어 볼 때 철을 뜻하는 쇠와는 상관없이 만들어진 속담으로 보는 게 이치에 맞는다는 생각을 합니다.

숭어가 뛰니까 망둥이도 뛴다

숭어는 주로 바다 연안에 살지만 강 하구나 민물에도 들어옵니다. 이 숭어는 뛰는 힘이 강해서 수면 위 매우 높은 곳까지 뛰어오릅니다. 꼬리로 수면을 치면서 거의 수직으로 뛰어오르고, 내려올 때는 몸을 한번 돌려 머리를 아래로 하고 떨어집니다. 바닷가에서 숭어가 은빛 비늘을 반짝이며 떼를 지어 뛰어오르는 모습은 그야말로 장관입니다.

전통 연희 중에 '숭어뜀'이라는 게 있는데, 숭어의 뛰는 모습에 빗대어 만든 말입니다. 숭어뜀은 남사당패 같은 광대들이 손을 땅에 짚고 잇따라 거꾸로 넘는 동작을 가리킵니다. 다른 말로 '숭어벼루뛰기'라고도 합니다.

숭어가 워낙 뛰어오르기를 잘하다 보니 '숭어가 뛰니까 망둥이도 뛴다'는 속담이 생겨났습니다. 망둥이도 뛰어오르기를 잘하지만 숭어에는 크게 미치지 못합니다. 망둥이는 일단 숭어에 비해 크기에서 밀리는 데다 생긴 것도 못났습니다. 뛰는 모습도 숭어가 힘차고 멋있다면 망둥이는 그저 통통 튀는 정도라고 하겠습니다. 남이 한다고 하니까 분별없이 덩달아 나설 때, 혹은 제 분수나 처지는 생각하지 않고 잘난 사람을 덮어놓고 따를 때 쓰는 말입니다.

이 속담에는 아류가 있습니다. '망둥이가 뛰면 꼴뚜기도 뛴다'는 속담이 그렇습니다. 숭어와 망둥이를 비교하는 것에 비해 한 단계 격이 낮은 표현인 셈입니다. 꼴뚜기는 생선 중에서도 가장 보잘것없고 대우를 못 받는 종류입니다. 그런 꼴뚜기마저 나서서 뛴다고 설치면 보는 이가 얼마나 꼴사납겠습니까? 이와 비슷하게 '망둥이가 뛰니까 전라도 빗자루도 뛴다'는 속담을 만들어 쓰기도 합니다. 망둥이는 주로 갯벌이 많은 전라도 해안 지역에서 살기 때문에 전라도 빗자루를 끌어들인 듯합니다.

또한 이와 비슷한 속담으로 북한 지역에서 주로 쓰는 게 있습니다. '가물치가 뛰면 옹달치도 뛴다'는 속담이 그것입니다. 가물치는 민물고기 중에서 덩치가 크고 힘이 좋기로 널리 알려져 있습니다. 그리고 옹달치는 옹달샘에서 사는 물고기라는 뜻으로, 아주 작은 물고기를 이르는 말입니다. 숭어를 가물치로, 망둥이를 옹달치로 바꾸어 놓았을 뿐 뜻은 똑같습니다. 역시 북한에서 쓰는 속담으로 '가물치가 첨벙하니 메사구도 첨벙한다'는 것도 있습니다. 메사구는 함경도 지방에서 메기를 이르는 말입니다. 뜻은 위 속담들과 같으나 형태를 약간 바꾸어서 만들었습니다.

이렇듯 널리 쓰이는 속담이 있으면 그와 형태가 비슷한 속담이 여러 개 생겨나기도 합니다. 지역에 따라 표현에 조금씩 차이가 나기도 하고, 전승 과정에서 말을 더 재미있게 꾸며 보려는 심리가 작용해서 곁가지 속담이 만들어졌기 때문입니다. 제주도 지방에서 주로 쓰는 '칠산바다 조기 뛰니 제주바다 복어 뛴다'는 속담이 그런 경우입니다. 앞서 말한 망둥이를 예로 들면, '망둥이 제 동무 잡아먹는다'와 '망둥이 제 새끼 잡아먹듯'이라는 속담이 서로 형제간처럼 닮아 있다는 것을 알 수 있습니다. 망둥이는 덩치에 비해 입이 크고 식성이 좋습니다. 그래서 제 동족까지도 가리지 않고 잡아먹는다고 합니다. 동류同類나 친척 간에 서로 싸움을 비유해서 이르는 말입니다.

어물전 털어먹고 꼴뚜기 장사 한다

바다에 사는 동물 중에 가장 볼품없는 것이 무엇이라고 생각합니까? 옛날 사람들은 꼴뚜기를 그렇게 여긴 모양입니다. 못생기기로는 아귀 같은 생선이 으뜸일 테지만, 예전에는 아귀가 어물전까지 올 일이 없었습니다. 어쩌다 그물에 걸리면 재수 없다고 도로 바다에 던져 버렸기 때문이지요. 그러다 보니 애꿎은 꼴뚜기가 대신 그 자리를 차지하게 되었습니다. 생김새는 오징어를 닮았지만 워낙 크기가 작아 생선 축에 끼워 주기가 민망했던 모양입니다. 그래서 '어물전 망신은 꼴뚜기가 시킨다'는 속담이 생겼다는 건 익히 알려진 사실입니다. '지지리 못난 사람일수록 같이 있는 동료를 망신시킨다'는 뜻인데, 흔히 '과물전 망신은 모과가 시킨다'는 속담과 같은 뜻으로 쓰이지요. 꼴뚜기나 모과가 들으면 섭섭한 일이겠지만, 이미 오랜 세월 사람들 입에 붙어서 널리 퍼져 버렸으니 돌이키려야 돌이킬 수도 없는 노릇입니다.

그런데 위 두 속담은 널리 알려져 있지만 같은 뜻으로 사용하는 다른 속담이 있다는 건 잘 모르는 사람이 많습니다. 바로 '황아장수 망신은 고불통이 시킨다'는 속담입니다. '황아장수'는 집집을 찾아다니며 끈목, 담배쌈지, 바늘, 실 따위의 자질구레한 일용 잡화를 파는 사람을 말합니다. '방물장수'와 비슷하게 쓰이는데, 방물장수는 주로 여자가 쓰는 화장품, 바느질 기구, 패물 따위의 물건을 팔러 다니는 사람을 가리킵니다. 따라서 황아장수는 남자가, 방물장수는 여자가 그 역할을 맡았습니다. 요즘은 둘 다 찾아보기 힘든 직업이 되어 버렸지요. '고불통'은 흙을 구워서 만든 담배통을 가리킵니다. 흙으로 대충 구워서 만든 까닭에 장죽이나 곰방대에 비해 볼품이 없었던 모양입니다.

다시 꼴뚜기로 돌아오도록 하지요. '어물전 털어먹고 꼴뚜기 장사 한다'는 속담이 있는데, '큰 사업에 실패하고 보잘것없는 작은 사업을 시작함'을 비유해서 일컫는 말입니다. 옛날에 어물전을 낼 정도면 제법 규모가 큰 장사였을 텐데, 장사 수완이 모자랐던지 아니면 운이 없었던지 하여간 문을 닫게 되었다고 합시다. 그러고 나서 무슨 일인가를 다시 시작해야 할 텐데, 그 사람이 선택할 수 있는 일이 무엇일까요? 배운 게 도둑질이라고 다른 업종보다는 그래도 하던 일을 계속할 수밖에 없었겠지요. 그런데 이미 어물전을 털어먹은 뒤라 밑천은 모자라고, 결국 선택한 게 남들이 거들떠보지 않는 꼴뚜기 장사를 하는 일이었을 겁니다. 남우세스런 일이지만 그렇게라도 생업을 이어가야지 어쩌겠습니까?

위 속담과 같이 쓰이는 낱말로 '꼴뚜기장수'라는 게 있습니다. '재산이나 밑천 따위를 모두 없애고 어렵게 사는 사람'을 가리키는 말입니다. 이익을 얻기 위해 물건을 사고파는 일을 '장사'라고 하며, 그런 일을 하는 사람을 '장수'라고 한다는 건 알고 계시겠지요?

하여간 꼴뚜기가 천덕꾸러기 노릇을 떨쳐 버리지 못하고 있는데, 그런 증표로 한 가지 낱말을 더 소개하도록 하겠습니다. '꼴뚜기질'이라는 말인데, '남을 욕할 때에, 가운뎃손가락을 펴고 다른 손가락은 모두 접은 채 남에게 내미는 짓'을 뜻합니다. 손가락 욕설이라고 하겠는데, 자칫 잘못 놀렸다가는 몰매를 맞을 수도 있을 겁니다. 꼴뚜기만도 못한 인간이 많은 세상에서 앞으로는 죄 없는 꼴뚜기에 대한 비하를 늘어놓지 말고 예의를 지켜야 하지 않을까요?

언제 쓰자는 하눌타리냐

하눌타리라는 식물이 있습니다. 산기슭 아래나 들에서 절로 자라는 박과의 여러해살이 덩굴풀로 길이는 3~5미터이며, 잎은 어긋나고 손바닥 모양으로 갈라집니다. 7~8월에 자주색 꽃이 잎겨드랑이에 피고 줄기는 다른 물체를 감으면서 올라갑니다. 뿌리는 고구마 덩이처럼 굵고 열매는 공 모양으로 누렇게 익습니다. 열매는 화장품 재료로 쓰고 뿌리와 씨는 약으로 씁니다.

아무리 좋은 것이라도 필요한 때 쓰지 않고 쌓아 두기만 하면 소용이 없다는 뜻으로 '언제 쓰자는 하눌타리냐'는 말을 쓰는데, 이 속담의 유래에 대해서는 다음과 같은 이야기가 전합니다.

> 하눌타리는 담을 없애는 데 효험이 있는데, 어떤 사람이 우연히 이것을 얻었으나 어디에 쓰는 건지를 몰라 그대로 벽에 걸어 두기만 했다고 합니다. 어느 날 그 집에 놀러왔던 사람이 벽에 걸린 하눌타리를 보고는 이렇게 말을 했습니다. "당신은 담을 앓으면서도 왜 저 하눌타리를 걸어 놓기만 하고 쓰지 않는 거요?" 그랬더니 주인이 "이게 담을 치료하는 데 쓰는 물건이란 말이요?" 하고 반문했다는 이야기입니다. 이로부터 어떤 물건을 지니고 있으면서도 마땅히 쓸 곳에 쓰지 않는 경우를 일러 위와 같은 속담을 쓰게 되었습니다. 하눌타리를 하늘수박이라고도 하고 한자로는 천원자天圓子라고도 합니다. 그래서 이 속담을 '천원자를 장차 어디에 쓰랴'라고도 합니다.

위 이야기는 조선시대 사람인 홍만종洪萬宗(1643~1725)이 지은 『순오지旬五志』에 실려 있습니다. 이 책은 숙종 때인 1678년에 지었는데, 지은이가 직접 쓴 서문에 다음과 같이 기록되어 있습니다.

> 무오년戊午年 가을이다. 내가 서호西湖에서 병 때문에 누웠으니, 낮에는 사람을 만날 수 없고, 밤이면 잠을 이루지 못하여 등불을 밝히고 앉았으나 역시 아무런 생각도 나지 않는다.
>
> 그래서 옛날에 들었던, 글하는 사람들의 여러 가지 말과 민가에 전하는 속담 등을 기록하였고, 이것을 다른 사람을 시켜 한 권의 책을 만들고 보니, 일을 시작한 날로부터 글 마친 날까지 겨우 십오 일이 소요되었다. 그래서 이 책의 이름을 『순오지旬五志』라고 한 것이다.
>
> — 홍만종, 『순오지』, 구인환 역(2003)

이 책에서 홍만종은 정철 등이 지은 우리 시가를 중국 시가에 견주어 볼 때 결코 뒤처지지 않는 작품이라며 그 우수성을 높이 평가함으로써 우리 국문학의 새로운 가치를 밝혀 주었습니다. 그리고 뒷부분에 모아 놓은 속담들을 통해 조선시대 속담의 형태를 살펴볼 수 있는 귀중한 자료 역할을 하고 있기도 합니다.

하눌타리가 들어간 속담이 더 있는데, 보기만 좋았지 아무 실속이 없는 사람이나 사물을 이를 때 '허울 좋은 하눌타리' 또는 '이름 좋은 하눌타리'라는 속담을 쓰기도 합니다. 이와 같은 뜻으로 쓰는 속담에는 '허울 좋은 과부'라는 것도 있습니다.

업족제비가 비행기를 탔다

한 집안의 살림을 보호하거나 보살펴 준다고 하는 동물이나 사람을 업이라고 합니다. 옛 어른들은 업이 들어오면 집안이 흥하고 업이 나가면 집안이 망한다고 믿었지요. 그래서 '부잣집 업 나가듯 한다'는 속담은 부잣집을 지키는 업이 나간다는 뜻으로, 까닭 없이 갑자기 집안이 망해 감을 빗대어 이르는 말입니다.

업으로 흔히 입에 오르내리는 동물이 구렁이입니다. 업구렁이는 '긴업' 혹은 '집지킴'이라고도 합니다. 구렁이가 집안에 살면 무섭고 징그러울 테지만, 결코 내쫓거나 해치지 않았습니다. 오히려 귀하게 받들어 모셨지요. 근거 없는 미신이라고 할 수도 있지만, 한편으론 자연의 힘에 의지해서라도 복을 빌려는 믿음이 담긴 민속 신앙의 하나라고 하겠습니다. 업구렁이를 등장시킨 설화가 많이 전해지는 것으로 보아 민간에 꽤 넓게 퍼져 있던 신앙임을 알 수 있으나, 지금은 업구렁이를 모시는 집을 찾기가 어렵습니다.

업이라고 하면 흔히 구렁이나 두꺼비 같은 동물을 떠올리지만 사람 혹은 귀신이 업의 역할을 하기도 합니다. 귀신은 대체로 무섭고 두려운 존재로 생각되지만, 귀신 중에는 사람을 도와주는 귀신, 즉 업귀신도 있다고 합니다.

업이 사람일 경우 '인업'이라고 하는데, 대표적인 인업으로는 '업둥이'를 예로 들 수 있겠습니다. 업둥이는 집 앞에 버려진 아이를 말합니다. 아이를 낳았으나 직접 기를 형편이 안 되면 포대기에 싸서 아이를 길러 줄 만한 집 앞에 몰래 버려두고 가는 일이 종종 있었습니다. 그러면 그 아이를 내치지 않고, 집안에 복을 가져다주는 업이라고 생각하여 잘 거두어 길렀습니다. 행여나 그렇게 들어온 아이가 천덕꾸러기 취급을 받지 않도록 하기 위해 업둥이라는 좋은 뜻의 명칭을 붙여 준 마음을 헤아려 볼 필요가 있겠습니다. 지금은 업둥이로 귀하게 여기기는커녕 버려진 아이들을 해외로 내보내는 데 급급하지요. 우리나라에서 아이를 해외로 입양시키는 비율이 세계에서 선두를 다툴 정도라고 하니 참으로 부끄러운 일입니다. 업둥이를 복둥이로 인식할 수 있는 날이 다시 돌아올 수 있기를 바랍니다. 업둥이를 일부 지방에서는 '얻은복이'라고도 합니다. 복을 얻었다는 뜻이니, 이 말도 역시 좋은 의미로 붙여 준 이름입니다.

그런데 업 중에 족제비도 있다는 얘기를 들어 보았나요? '업족제비'를 사전에서 찾아보면 '집안의 재산을 늘려 준다는 족제비'라는 풀이가 나옵니다. 표제어로 사전에 올라 있을 정도면 업족제비가 제법 있었다는 걸 알 수 있습니다. 더구나 그 아래 '업족제비가 비행기를 탔다'는 속담이 실려 있기도 합니다. 집의 재산을 늘려 준다고 하는 업족제비가 비행기를 타고 멀리 가 버렸다는 뜻으로, 집안이 망하여 모든 일이 잘 안되는 것을 빗대어 이르는 말입니다. 앞서 설명한 '부잣집 업 나가듯 한다'는 속담과 같은 뜻으로 쓰이는 말이라고 하겠습니다. 족제비는 낮은 산이나 물가에 주로 살지만 간혹 인가 근처까지 와서 사는 족제비도 있었던 모양입니다. 닭장에 침입해서 닭을 죽이기도 하는 사나운 족제비까지 업으로 받아들일 만큼 업 신앙이 두터웠음을 알 수 있습니다.

한편, 비행기가 등장하는 것으로 보아 이 속담이 만들어진 지는 그리 오래되지 않았겠지요. 이렇듯 요즘 사람들이 새로 만들어 쓰는 관용적인 표현 중에도 시간이 흐르면 속담의 지위를 얻는 것이 생길 겁니다.

윤달에 만난 회양목

회양목은 나무의 속 재질이 노르스름하다 하여 한자로는 황양목黃楊木이라고 합니다. 우리나라 대부분의 지역에서 잘 자라는데, 특히 석회암지대에서 많이 자란다고 합니다. 도장나무나 고향나무 등으로 부르기도 하는 회양목은 재질이 곱고 단단하여 옛날부터 도장이나 목판, 얼레빗, 호패 등을 만드는 데 사용했습니다. 회양목의 재질이 단단한 이유는 우리나라의 여러 나무 중에서 세포의 크기가 가장 작고, 물관과 섬유의 지름이 거의 같은 나무로 유일하기 때문입니다.

회양목은 키가 그다지 크지 않고 자라는 속도도 매우 더딥니다. 그런데 이 회양나무가 윤달을 만나면 키가 줄어든다는 속설이 있습니다. 그래서 생긴 속담이 '윤달에 만난 회양목'입니다. 이 속담을 사전에서 찾으면 '회양목이 윤달이 되면 그 키가 한 치씩 준다는 전설에서, 키가 작은 사람을 놀림조로 이르는 말 혹은 일이 진행되는 정도가 더딤을 이르는 말'이라는 풀이가 나옵니다.

나무의 키가 줄어든다는 것은 과학적으로 있을 수 없는 일입니다. 대체 어디서 그런 말이 비롯되었을까요? 여기저기 자료를 찾아보니 흔히 소동파蘇東坡라고 부르는 소식蘇軾의 「퇴포退圃」라는 시에 다음과 같은 구절이 나옵니다.

園中草木春無數 원중초목춘무수

只有黃楊厄閏年 지유황양액윤년

정원의 풀과 나무 봄이 오면 무수히 자라건만,

오직 황양목은 윤년에 재앙을 당한다네.

이 시에 소식이 직접 달아놓은 주註를 보면, "속설에 의하면 황양목이 1년에 한 치씩 더디게 자라다가 윤년을 만나면 오히려 세 치가 줄어든다고 한다"는 내용이 있습니다. 그러므로 위 속담은 소식의 시에서 비롯되었다는 것을 알 수 있습니다. 중국에서 언제부터 왜 그런 속설이 생겼는지는 모르겠으나, 소식이 그런 속설을 끌어들여 시를 지을 만큼 당시에는 널리 퍼져 있었던 모양입니다.

소식의 시가 우리나라에서도 널리 읽힌 까닭에 자연스레 회양목에 대한 속설도 함께 퍼져 갔을 겁니다. 그런데 소식은 윤년에 회양목의 키가 세 치씩 줄어든다고 했는데, 우리나라 국어사전에는 윤달에 한 치씩 키가 준다고 했습니다. 소식이 자신의 시에 붙인 주에서 비롯된 말이라면 윤달을 윤년으로, 한 치를 세 치로 바로잡을 필요가 있겠습니다. 중국에서 만들어진 속설이 우리나라에 전해지고, 또 오랜 세월 동안 많은 사람들 입을 거치다 보니 자연스레 변이가 일어났겠지요. 물론 한 치가 되었건 세 치가 되었건 그 자체가 그리 중요한 건 아닐 수도 있습니다. 어차피 과학적인 사실에 대한 엄밀성을 논할 것은 아니고 어디까지나 근거 없는 속설일 뿐이니까요. 하지만 어떤 말이든 그 말이 생겨난 출처에 대해서는 엄밀해질 필요가 있다는 생각을 합니다.

짝 잃은 원앙

금실이 좋은 부부를 흔히 잉꼬부부라고 합니다. 그런데 잉꼬는 앵무과에 속하는 새를 부르는 일본말입니다. 우리말로는 사랑앵무라고 하지요. 우리말 이름에도 '사랑'이 들어 있는 것으로 보아 잉꼬가 사랑의 표본으로 널리 인식된다는 걸 알 수 있습니다.

잉꼬 대신 우리나라에서는 예로부터 원앙을 부부 금실의 상징으로 여겼습니다. 그래서 혼례를 치를 때 원앙금침, 즉 원앙을 수놓은 이불과 베개를 혼수로 장만하곤 했습니다. 원앙이 그려진 이불을 함께 덮고 자며 원앙처럼 금실 좋게 지내려는 마음을 담아낸 것이지요. 따라서 잉꼬부부보다는 원앙부부라는 표현을 쓰는 게 좋겠습니다.

원앙처럼 서로 사이좋게 지내다가 헤어지면 얼마나 쓸쓸하고 외로울까요? 그래서 몹시 외로운 사람 혹은 홀아비나 홀어미의 외로운 신세를 빗대어 '짝 잃은 원앙'이라는 속담을 만들어 쓰게 되었습니다. '짝 잃은 기러기'라고도 합니다.

한편 금실이 좋은 부부 사이를 한자성어로 원앙지계鴛鴦之契 혹은 원앙계鴛鴦契라고 하는데, 다음과 같은 고사가 전해집니다.

전국시대 송나라 강왕康王의 신하 가운데 한빙韓憑이라는 자가 있었는데 그는 빼어난 미인 하何씨를 아내로 맞아 살고 있었다. 그들은 유달리 부부간의 정이 깊었는데 어느 날 하씨를 보고 반한 강왕이 권력으로 빼앗아 자기 여자로 삼았다. 한빙이 이를 두고 원망하자 강왕은 그를 감옥에 넣어 버렸다. 그러자 아내 하씨는 한빙과 합장해 달라는 유서를 남기고 자결을 했다. 화가 난 왕은 시체를 묻되 한빙과 마주 보는 자리에 묘를 쓰도록 했다. 그러면서 "너희의 사랑은 맺어질 수가 없다. 만일 묘가 합해진다면 나도 막지는 않겠다"고 했다. 그런데 하룻밤 사이에 아주 커다란 나무가 두 묘 끝에서 자라나더니 열흘 만에 우거지고, 몸체가 서로를 향해 굽더니 뿌리가 서로 엉겨 붙고 위에서는 나뭇가지가 서로 얽혔다. 또 암수 원앙 한 쌍이 각각 나무 위에 집을 짓고 아침저녁으로 그 자리에서 구슬피 울어, 듣는 이의 가슴을 저리게 했다. 이를 보고 송나라 사람들은 원앙이 한빙 부부의 영혼이라고 했고 그 나무를 가리켜 상사수相思樹라고 불렀다. 남녀의 애타는 사랑을 '상사'라고 하는 것도 여기서 나온 말이다.

이로 보아 원앙을 부부 금실의 상징으로 여기게 된 것은 중국 고사에서 비롯되었음을 알 수 있습니다. 그런데 원앙이 정말로 그렇게 부부 사이가 좋은 새일까요? 나란히 물 위를 떠다니는 모습을 보면 정말로 그런 듯합니다. 하지만 실제로는 둥지를 틀고 알을 낳을 때까지만 다정할 뿐, 알을 낳은 뒤에는 수컷이 암컷 곁을 떠나서 다른 짝을 찾아다닙니다. 수컷이 바람둥이 기질이 있어서라기보다는 수컷의 자태가 너무 화려해서 눈에 잘 띄기 때문에 같이 있다가는 알이 위험해질까 봐 그런다고 하는군요. 어쨌거나 금실 좋은 부부의 표상으로 원앙을 내세우는 건 실제 습성에 비추어 볼 때 잘 맞지 않는다고 하겠습니다. 하지만 말이란 건 한번 굳어지면 그 자체로 생명력을 갖고 움직이기 때문에 되돌리거나 없앨 수는 없는 노릇입니다.

참깨가 기니 짧으니 한다

고만고만한 것들끼리 서로 잘났다고 아옹다옹하는 모습을 가리켜 흔히 '도토리 키 재기'라고 합니다. 도토리가 커 봐야 거기서 거기니만큼 서로 따질 거리도 못 된다는 뜻으로, 우리가 일상생활에서 자주 쓰는 말입니다.

그런데 우리가 친근감 있게 쓰는 이 말이 일본말에서 온 것이라는 사람이 얼마나 될까요? '도토리 키 재기'는 사실은 일본말 '동구리노 세 구라베'를 그대로 우리말로 옮겨 놓은 것입니다. 따라서 말 자체는 우리말이지만 실제로는 일본말이 건너와서 옷만 갈아입은 셈이지요. 마찬가지로 '원숭이도 나무에서 떨어질 때가 있다'는 속담도 일본에서 건너온 것입니다. 일본말이 얼마나 우리말 속에 깊이 뿌리내리고 있는가를 보여 주는 예가 아닐 수 없습니다.

'정종'이니 '십팔번'이니 하는 말이 일본에서 건너온 것이라는 사실은 널리 알려진 편입니다. 이 밖에도 우리가 주식투자나 사채업을 크게 하는 사람을 가리켜 '큰손'이라고 하는데, 이 말도 일본에서 쓰는 '오대大手'를 직역한 것입니다.

한동안 일본말 찌꺼기를 몰아내자는 운동을 벌여 많은 일본말을 우리 언어생활에서 걸러 냈습니다. 그래서 다꾸앙은 단무지로, 요지는 이쑤시개로, 쓰메끼리는 손톱깎이로 바꾸는 등 성과를 얻어 냈습니다. 하지만 이런 말들은 귀로 들으면 금방 일본말이라는 걸 알 수 있습니다. 이들 외에도 우리가 일본말이라는 걸 모르는 채 아직도 쓰는 말이 많습니다. 기라성綺羅星이니 수훈갑受動甲이니 하는 한자말부터 시작해서 어린아이들이 억지로 떼를 쓰거나 할 때 사용하는 '떼깡'이나 젖을 뜻하는 '찌찌' 같은 말도 일본말이라는 걸 아는 사람이 얼마나 될까요?

이렇듯 우리가 미처 알지 못하는 사이에 우리말처럼 된 일본말이 활개를 치

는 현상은 결코 바람직스럽지 못합니다. 이제는 우리도 하루바삐 일본의 언어 식민지 노릇을 그만둘 때가 되지 않았나 싶습니다. 그동안 여러 갈래로 외래어 순화 운동을 전개하여 일본말이 많이 없어지기는 했지만 아직도 더 많은 관심과 노력을 기울여야 할 것입니다.

'도토리 키 재기'와 같은 뜻을 지닌 우리 속담이 '참깨가 기니 짧으니 한다'입니다. 참깨가 얼마나 작습니까? 그 작은 것끼리 기니 짧으니 다투는 게 여간 귀엽지 않습니다. 말만 들어도 저절로 웃음을 머금게 하는 말이 아닐 수 없지요. 참깨 대신 참새를 써서 '참새가 기니 짧으니 한다'는 말을 쓰기도 합니다. 또 다른 말로는 '내 콩이 크니 네 콩이 크니 한다'는 속담도 있습니다. 참새나 콩 역시 크기가 매우 작은 것이라 그런 비유에 적당합니다.

이왕이면 '도토리 키 재기'라는 일본말 대신 '참깨가 기니 짧으니 한다', '참새가 기니 짧으니 한다', '내 콩이 크니 네 콩이 크니 한다'와 같은 우리 속담을 살려서 쓰면 훨씬 정감 있고 좋지 않을까요. 적당한 우리말이 없다면 몰라도 더 좋은 말이 있는데 그것을 외면한다면 정말 부끄러운 일입니다. 우리 언어의 정체성을 찾는 일에 힘써야 하지 않을까요?

하룻강아지 범 무서운 줄 모른다

철없이 함부로 덤비는 경우를 빗대어 이를 때 '하룻강아지 범 무서운 줄 모른다'는 속담을 씁니다. '하룻강아지'를 말뜻 그대로 이해하면 태어난 지 하루 되는 어린 강아지라는 뜻입니다. 하지만 태어난 지 하루밖에 되지 않은 강아지라면 아직 눈도 제대로 못 뜬 상태일 텐데, 아무리 사리분별을 못 하는 단계라 할지라도 범에게 대드는 존재로 그려 놓은 것은 너무 심한 게 아니냐는 의문이 있어 왔습니다. 아직 어려서 겁이 없다는 것과 눈앞의 사물조차 제대로 분간하지 못하는, 사람으로 치면 영아嬰兒의 낮은 인식능력은 차이가 있지요. 사람에 빗대어 갓난아이가 어른에게 대든다고 하면 참 어색한 표현이 되는 것과 마찬가지라고 하겠습니다.

그래서 이 속담이 본래는 '하릅강아지 범 무서운 줄 모른다'였다는 주장이 나오게 되었습니다. '하릅'의 뜻을 알고 나면 상당히 타당성 있는 견해로 보입니다. '하릅'은 나이가 한 살 된 소나 말, 개 따위를 이르는 말입니다. 일상생활에서는 거의 쓰이지 않지만 사전에는 엄연히 살아 있습니다. 사람으로 치면 10대 청소년을 하릅강아지에 비유할 수 있지 않을까요? 청소년이야말로 어른도 아이도 아닌 어중간한 시기에 놓여 있어 철모르고 날뛰기 마련이니까요.

예전에는 사람의 나이와 가축의 나이를 따질 때 용어를 달리해서 썼습니다. 구체적으로 알아보면 다음과 같습니다.

한 살: 하릅 / 두 살: 두습, 이듭 / 세 살: 세습, 사습 / 네 살: 나릅 / 다섯 살: 다습 / 여섯 살: 여습 / 일곱 살: 이롭 / 여덟 살: 여듭 / 아홉 살: 아습, 구릅 / 열 살: 열릅, 담불

하릅강아지가 하룻강아지로 변하고, 그 뜻이 '태어난 지 하루 된'으로 잘못 알려지게 된 데는 다산 정약용이 지은 속담집 『이담속찬耳談續纂』의 영향도 있다고 합니다. 이 책에서 정약용은 하릅강아지를 '一日之狗일일지구'로 표기함으로써 태어난 지 하루 되는, 즉 하룻강아지의 뜻으로 사용했습니다. 당시에 이미 하릅강아지가 하룻강아지로 바뀌어서 사용된 것인지, 아니면 정약용이 한자로 옮기면서 실수를 한 것인지는 모르겠습니다. 여하간 하룻강아지보다는 하릅강아지가 이치로 볼 때 더 합당한 비유라고 생각합니다.

하룻강아지 말고 하룻망아지와 하룻비둘기라고 하는 말을 들어 보았는지요? 낯설긴 하겠지만 하룻망아지와 하룻비둘기가 나오는 속담이 있습니다. '하룻망아지 서울 다녀오듯'이라는 속담은, 보기는 보았으나 무엇을 보았는지 어떻게 된 내용인지 모르는 경우를 빗대어 이르는 말입니다. '하룻비둘기 재를 못 넘는다'는 속담은 실력과 경험이 없이 자만심만으로는 일을 이룰 수 없다는 말입니다. 이들 속담에 나오는 '하룻망아지'와 '하룻비둘기' 역시 '하릅망아지'와 '하릅비둘기'가 변해서 된 것으로 보는 게 옳을 듯합니다.

하지 지낸 뜸부기

'뜸북 뜸북 뜸북새 논에서 울고'로 시작하는 〈오빠 생각〉이라는 동요를 들어 보았을 겁니다. 그만큼 뜸부기는 우리나라 어디서나 흔히 볼 수 있는 여름 철새였으나 요즘에는 찾아보기 힘든 새가 되었습니다. 논이나 습지, 물가 등에서 생활하는데, 농약을 많이 쓰고 개발을 무분별하게 하면서 서식지가 파괴되어 개체수가 줄었기 때문입니다. 그래서 문화재청에서는 2005년에 뜸부기를 천연기념물 제446호로 지정하여 보호하고 있습니다.

'하지 지낸 뜸부기'라는 속담이 있는데, 힘이 왕성한 한창때가 지나 버린 사람을 빗대어 이르는 말입니다. 이와 쌍을 이루는 속담으로 '하지 전 뜸부기'라는 것도 있습니다. 반대로 힘이 왕성한 한창때의 사람을 빗대어 이르는 말이지요. 이 두 속담은 모두 뜸부기는 하지 전에 잡은 것이 약효가 있다고 하여 생겨난 말입니다. 하지는 24절기의 하나로 망종과 소서 사이에 있습니다. 양력 6월 21일경에 돌아오는데, 이날 북반구에서는 낮이 가장 길고 밤이 가장 짧습니다. 그러므로 여름 더위가 본격적으로 시작되는 무렵이라고 하겠습니다.

이들 속담에 따르면 옛날에는 뜸부기를 약이나 식용으로 썼다는 걸 알 수 있습니다. 복날을 맞아 더위에 빼앗긴 원기를 회복하려 먹는 복달임으로 흔히 삼계탕이나 개장국을 많이 찾는데, 이런 대표적인 음식 말고도 장어나 민어탕, 추어탕 같은 음식을 먹기도 했으며, 그중에 뜸부기도 한 자리를 차지했습니다. 뜸부기는 고단백이라 허약 체질에 좋다고 알려져 있습니다. 보통 인삼 등을 함께 넣어 고아 먹는데 때로는 구워서 먹기도 했습니다. 지금도 사전에는 '뜸부기구이'가 표제어로 올라 있으며, '뜸부기 고기를 얇게 저미고 양념을 하여 구운 음식'이라는 풀이가 나옵니다. 이렇듯 뜸부기 고기가 예로부터 보

양식으로 전해 온 탓에 한때는 뜸부기를 인공으로 사육하는 농장들도 있었으나 지금은 경제성이 없어 거의 사라졌다고 합니다.

뜸부기는 농촌에서 워낙 쉽게 볼 수 있던 철새라서 뜸부기가 등장하는 다른 속담도 있는데, 주로 북한에서 펴낸 사전에 올라 있습니다. '조선의 뜸부기는 다 네 뜸부기냐'는 제 것과 비슷하다고 하여 덮어놓고 다 제 것인 것처럼 우기는 사람을 비꼬는 말입니다. 그리고 '세상에 뜸부기가 한 마리뿐인가'는 어떤 물건을 제 혼자만 가지고 있는 듯이 뽐내는 것을 비꼬거나, 이번에는 놓쳤으나 앞으로 또 기회가 있음을 빗대어 이르는 말로 쓰입니다.

사전에는 '팟다리'라는 말이 뜸부기의 동의어로 올라 있기도 합니다. 한편 고전문학을 전공한 한양대 정민 교수가 펴낸 『한시 속의 새, 그림 속의 새』라는 책에는 뜸부기의 옛 이름이 '죽개'였다는 이야기도 나옵니다. '팟다리'는 거의 쓰는 사람이 없어 지금은 죽은 말이 되다시피 했으며, '죽개'는 아예 사전에도 나와 있지 않습니다. 하지만 두 이름보다 뜸부기라는 이름이 우리 정서에 훨씬 정감 있게 다가옵니다. 따오기나 꾀꼬리 같은 새처럼 우는 소리를 직접 흉내 내어 붙인 이름이기 때문일 것입니다. 예전처럼 뜸부기가 다시 찾아와 뜸북뜸북 울어대는 논길을 걸을 수 있다면 얼마나 좋을까 하는 생각을 해 봅니다.

참 고 문 헌

국립국어원. 『표준국어대사전』.

국립수산과학원. 2007. 『속담 속 바다 이야기』.

남영신. 1993. 『들하 머리곰 비취오시라』. 행림각.

박수현. 2008. 『바다 생물 이름 풀이 사전』. 지성사.

이규태. 2000. 『한국인의 민속문화』. 신원문화사.

이기문. 1980. 『속담사전(개정판)』. 일조각.

정약용. 2005. 『아언각비 이담속찬』. 정해렴 역. 현대실학사.

정창훈. 2005. 『속담 속에 숨은 과학 1 · 2』. 봄나무.

조수삼. 2008. 『추재기이』. 허경진 역. 서해문집.

조항범. 2004. 『정말 궁금한 우리말 100가지』. 예담.

조항범. 2005. 『그런, 우리말은 없다』. 태학사.

최상일. 2002. 『우리의 소리를 찾아서』. 돌베개.

최창렬. 1999. 『우리 속담 연구』. 일지사.

※ 그 밖에 『삼국유사』, 『홍길동전』, 『동국세시기』, 『삼국지』, 『서유기』 등의 고전을 두루 참조하였음.

지은이_ **박 일 환**

경희대학교 국어국문학과를 졸업하고, 1997년에 《내일을 여는 작가》를 통해 시인으로 등단하였다. 현재 서울 개웅중학교 국어교사로 재직하고 있다.

저서: 『우리말 유래사전』

시집 『푸른 삼각뿔』, 『끊어진 현』

시 해설집 『선생님과 함께 읽는 이용악』

교육산문집 『똥과 더불어 사라진 아이들』

미주알고주알

우리말 속담

지은이 • 박일환
펴낸이 • 김종수
펴낸곳 • 도서출판 한울
편　집 • 김경아

초판 1쇄 인쇄 • 2011년 8월 25일
초판 1쇄 발행 • 2011년 9월 15일

주소 • 413-756 파주시 교하읍 문발리 535-7 302(본사)
121-801 서울시 마포구 공덕동 105-90 서울빌딩 1층(서울 사무소)
전화 • 영업 02-326-0095, 편집 031-955-0606(본사), 02-336-6183(서울 사무소)
팩스 • 02-333-7543
홈페이지 • www.hanulbooks.co.kr
등록 • 1980년 3월 13일, 제406-2003-051호

Printed in Korea.
ISBN 978-89-460-4487-6 03710 (양장)
978-89-460-4488-3 03710 (학생판)

* 책값은 겉표지에 있습니다.
* 이 도서는 강의를 위한 학생판 교재를 따로 준비했습니다.
강의 교재로 사용하실 때에는 본사로 연락해주십시오.